三大特色
- 一讀就懂的教育學之入門知識
- 文字敘述簡明易懂、觀念完整
- 圖表方式快速理解、加強記憶

教育學

蔡啟達 著

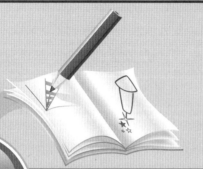

閱讀文字

理解內容

觀看圖表

五南圖書出版公司 印行

解說教育學的新典範

　　教育學主要在探究教育複雜的現象與問題，並揭示教育規律的一門學科。當世界從工業時代邁向知識經濟時代，及在「典範轉移」和「語言學轉向」的潮流下，教育需要突破傳統的舊思維，教育學理論更亟待重新建構，並應積極思考教育學理論和實踐的關聯及其問題。

　　本書作者蔡啟達博士以教育學五花八門及博大精深的教育學思想為基礎，並結合從事國小教育工作二十幾年的實務經驗，探討一些當代教育重要的理論、思想與議題，分析當代教育學在台灣教育現場實踐的可行性，並以深入淺出的圖文方式撰寫，讓學校的教師、家長、學生、一般社會大眾容易理解與接受，確實是一項大膽的嘗試、突破與創意，也翻轉我們對教育學的新概念，樹立「解說教育學的新典範」，相信必帶給我們對教育更寬廣的新思維。

　　本書內容共十章，包括「教育是什麼」和「教育大哉問」、「教育＆哲學」、「教育＆心理」、「教育＆社會」、「課程的原理」、「教學的原理」、「另類的教育」、「創造力教育」、「教育評鑑」等，以「一頁文、一頁圖」的圖文解說方式，分別釐清教育的概念、相關議題、另類教育及創造力教育的內涵；其次，分析教育與其他領域之間的關係；最後，探討學校核心工作的原理基礎及教育評鑑的發展。主要目的即希望為台灣的教育學提供另一種思考的方向，以豐富教育學的理論與實務，開創新的教育學之主體性和認同感。僅此也很榮幸可以推薦這樣一本具深度思考的好書給大家。

歐用生

台灣首府大學榮譽講座教授

2015/01/05

透過圖解教育瞭解教育

教育活動的開展，是人類發展中重要的關鍵，其影響不僅僅包括個人、家庭、學校、社會層面，更甚者為國家整體的發展。想要瞭解教育，就必須瞭解教育活動的實施，應該包括哪些重要的理論、主張、論點、研究，從理論與實踐的相互印證和對話中，熟悉教育本身所涉及的各種哲學、心理學、社會學觀點；從研究與實務的相互論辯中，釐清教育活動囊括的要素與因素。掌握了上述的要點，才能深入瞭解教育，運用教育進而使教育發揮應有的成效。

一般有關教育的專業書籍，在內容方面大部分以理論為出發點，透過教育研究所得到論點，說明教育有關的核心概念。無法提供關心教育者，清晰的教育概念，深入淺出的教育知識與理論。因此，導致教育發展多年之後，普羅大眾對於教育的概念，仍存有相當的疑點，無法透過書籍典章的閱讀，深入掌握教育所代表的意義以及深層的概念。

《圖解教育學》一書的作者蔡啟達博士，多年來在教育現場深耕，是一位博士校長，對於教育活動的發展與教育活動的實施，擁有相當豐富的實務經驗，透過理論與實際的相互驗證，研究與實務的相互修正，對教育有深入淺出的見解。本書的內容是蔡校長繼《圖解教學原理與設計》一書出版之後，運用多年來的研究心得，以及對教育活動的深厚思考，透過「一專文一圖表、一概念一圖解」的方式，將教育活動以圖解的方式，提供關心教育活動者多樣貌的訊息，引導對教育學有更深入的理解。

本書的內容包括教育是什麼、教育大哉問、教育＆哲學、教育＆心理、教育＆社會、課程的原理、教學的原理、另類的教育、創造力教育、教育評鑑十個章節，章章內容精彩，節節鋪陳豐富，內文簡單且概念清晰，值得您我細細品嚐。透過本身的閱讀，有助於您我釐清教育的概念，理解教育的意義，對教育有清晰的掌握。

　　個人和啟達校長相識多年，瞭解其對於教育研究的執著，感佩其對教育活動的熱愛，在《圖解教育學》一書的出版時，有幸先行拜讀，十分感謝。期盼本身的出版，能夠擴大教育學的影響力和視野。

林進材

國立台南大學教育學系教授

2015/01/05

作者的話

　　社會普羅大眾對於「教育是什麼?」「教育不是什麼?」或「教育應該如何做?」等議題,一直非常地關心。此主要係因「百年樹人的教育」,深深影響我們國家的根基及未來的發展!本書的另一個目的,即在於提供大家對教育更簡單、清晰、完整、專業的見解。

　　本書主要目的除在闡述「教育是什麼」的概念之外,也呈現社會大眾對教育所關注的相關議題。此外,並結合目前國中小教師甄試及國中小校長主任甄選的考試內容,以協助需要快速理解教育學的人,能在最短時間內即可建構教育學理論與實務的完整清晰概念。

　　本書撰寫歷時約一年半載,最難之處即在於要將教育學概念進行全盤的理解後,並站在一般讀者角度,以簡單的圖文方式呈現。雖然這是一項艱鉅的挑戰工作,但能在教育的工作之餘,再次細細品味教育學的精美與博大精深,對我而言,此又何嘗不是有意義教育的另一種詮釋方式呢!

　　本書繼《圖解教學原理與設計》之後,能再次順利付梓,首先,感謝五南圖書陳念祖副總編輯的厚愛與提攜;其次,感謝歐用生教授、林進材教材的指導及不吝撰寫推薦序文;最後,更感謝家人、同事、同儕、好友等的關懷、支持與鼓勵。

蔡啟達 謹誌

2015/01/05

本書目錄

本書目錄

本書目錄

第 5 章　教育 & 社會

第 6 章　課程的原理

本書目錄

本書目錄

第 9 章　創造力教育

第 10 章　教育評鑑

第 1 章

教育是什麼

●●●●●●●●●●●●●●●●●●●●●●●●●● 章節體系架構 ▼

●●●

　　自古以來，人人皆對教育擁有自己的看法或想法，然而，教育係由複雜的人、事、時、地、物等互動交織而成，截至目前仍未有一套放諸四海而皆準的教育理念，可一以貫之！不過，當教師或家長面對此一複雜的情境脈絡時，若能釐清教育的本質，掌握教育實施的方法，並妥善因應、調整、改變與轉化，則能適性引導及教育之。

Unit 1-1
教育之意義多元且分歧

一、教育的意義

「教育是什麼？」「真正的教育為何？」「好的教育又是什麼？」相信大家皆感好奇，此即對教育第一原理之探討。自古以來，東、西方的先聖先哲，也紛紛對教育提出各種「公說公有理」、「婆說婆有理」的教育學說或主張，雖然皆不盡相同且無定論，但卻各有各的道理存在！以下，分別從古代先聖先賢之觀點，來理解教育的意義。

二、先聖先賢的看法

（一）孔子的主張

在東方首推「至聖先師—孔子」的主張，他認為教育應「以人為本」，並以「有教無類」、「因材施教」及秉持「中庸之道」的精神，來引導和循循善誘，以協助學生瞭解人生的意義與價值。

（二）孟子的看法

「亞聖—孟子」主張「性善論」，曾提出「以善先人者之謂教」，認為人之所以能夠分辨是非善惡，乃藉由「潛移默化」的學習，以「存養善根」及「改變行為」，以達至善之境界。

（三）荀子的觀點

荀子提出「性惡論」，認為人是否趨向善，非本來即如此，乃需依賴教育外塑之作為；其主張教育應「禮法兼治」、「王霸並用」、「化性起偽」，以克服人性之惡，方能引導向上與向善。

（四）董仲舒的說法

漢儒董仲舒也提出「性三品」之學說，將人性劃分為上、中、下等三種，強調教育作為政治手段的重要功能，即在於「行教化」、「重禮樂」、「養士求賢」，以塑造人格和進行精神感化。

（五）朱熹的論點

南宋理學家朱熹強調教育主要目的在於「明人倫」以達「格物致知」，並提出「博學」、「審問」、「慎思」、「明辨」、「篤行」等作為教育方法，以窮究萬事萬物的道理。

（六）其他的論述

1.《說文解字》：「教，上所施下所效；育，養子使作善也。」因此，教育不只形式傳授歷程，也希望學生往善的方向成長。

2.《禮記·學記篇》：「教也者，長善而救其失者也。」藉由教育改善人的心性言行。

3.《中庸》：「天命之謂性，率性之謂道，修道之謂教。」以「獨慎」的教育價值來提升人的生命境界（張光甫，1998）。

4.《大學》：「大學之道，在明明德，在親民，在止於至善。」

三、結論

釐清教育本質，瞭解多元分歧的教育觀點，教育既重形式的「傳遞知識」，也強調「心智覺醒」；然而，教育若要成為一種專業，則應從不同角度進行更多元的解釋，才能將其講清楚、說明白！

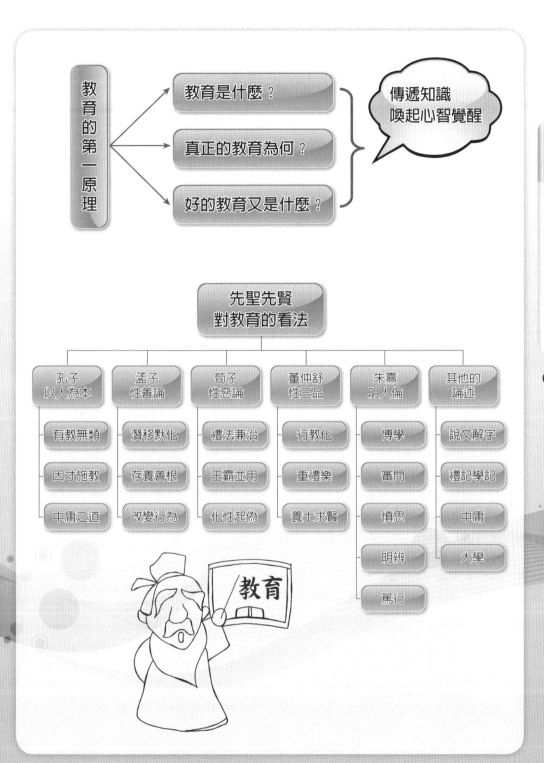

Unit 1-2
教育之目的在追求真理

一、何謂真理

人類社會的生活及文明的進步發展，皆來自於知識。知識即教育之內涵和基礎，而教育主要目的之一，即在於追求科學的知識真理（truth）。不管幼兒園、國小、國中、高中、大學，甚至研究所等階段的教師，經常透過各種教育的手段或方法，教導學生認識與理解「自始至終為真，非經人定論成共識才為真」的知識，如「太陽從東邊升起、西方落下」、「綠色植物會行光合作用」等亙古不變的真理知識。

愛因斯坦曾說：「大自然最不可思議之奧妙，即其可以被理解！」許多科學家的旨趣（interests），即在找出大自然各種千變萬化現象之間的關係及其共同的根源，此即人類致力追求真理知識的極致表現。

二、何謂謊言

謊言（lies）乃相對於真理，經由「人」的操弄，可以將任何事實或知識，由白說成黑、由黑反白、由反至正或由正變反，其背後即隱藏某人、階層或族群的權力操弄，此即涉及意識型態層面問題。

如果謊言重複講上百次，甚至上千次則有可能變成真理，如歷史的「曾參殺人」之故事。同樣的，假如一件事或一句話當反覆被提起時，原本簡單自然明瞭的事情，反而變得非常可疑，甚至

有可能變成謊言之虞，這在政治社會的遊戲中不勝枚舉。

真理與謊言的另一個差異，即在於是否能獲得他人的信任與建立誠信的價值。一個社會如果謊言可以變成真理，權勢富貴可以左右公理，象徵正義的法律不受尊重，那麼混亂與失序將無可避免，國家也將為此付出無法估計的代價（遠見雜誌，1988）。

三、如何追求真理

從廣義的真理層面而言，教育並非灌輸一大堆事實或知識給學生，而在於引導學生追求真理知識的過程中，讓學生知道如何去發掘問題，產生學習興趣，並主動的針對問題去尋找答案。

人類終其一生，活到老學到老之目的，即在於追求人生社會的真理與生活的智慧，尤其是哲學家與科學家。西方的亞里斯多德（Aristotle）曾說：「吾愛吾師，吾更愛真理。」我國朱熹也提出「格物致知」，即要使學生達到致知，則必須引導學生檢驗事物之真偽，窮究事物之法理。

科學精神就是求真，實事求事，不能無中生有，不誇大渲染，此即科學研究和創作的核心價值。因此，教育之目的雖在引導學生經由理智思維以追求科學的真理知識，然而，求真卻非僅止於「追求知識」而已，也在追求萬事萬物中普遍的、不變的原理（principles）。

真理
truth

「自始至終為真，非經人定論成共識才為真」的知識，如「太陽從東邊升起、西方落下！」、「綠色植物會行光合作用！」

愛因斯坦曾說：「大自然最不可思議之奧妙，即其可以被理解！」Aristotle 曾說：「吾愛吾師，吾更愛真理。」我國朱熹 也提出「格物致知！」

真理即是簡單而明確的！

若謊言重複上百次，甚至千次，則可讓人信以為真；如「曾參殺人」故事！

謊言（lies）即相對於真理，經由「人」的操弄，可以將任何事實或知識，由白說成黑、由黑反白或由正變反！

Unit 1-3
教育應該以學生為中心

一、以學生為中心的教育意義

美國人本主義學派心理學家羅吉斯（Carl Rogers）在《學習的自由》（Freedom to Learn）中提出以學生為中心的理念，即為此典型教育理念的代表人物。所謂以「學生為中心」（student-centered）的教育，即實施教育應有「非指導式」（non-directive）的教育思維與作為，強調學生有充分的學習自主權，激勵主動參與學習精神，而教師則居於協助或催化之角色。

換言之，不管任何教育階段，教師應秉棄「指導式」的教育態度與方式，從「將心比心」、「設身處地」出發，提供學生「同理」（empathy）、「無條件尊重」（unconditional positive regard）及「真誠關懷」（genuinely caring）的學習環境，使學生能在無任何壓力的情境下，找回學習的主體性，進行真正快樂與創意的學習！

二、如何實施以學生為中心的教育

大多數的學生在教育上，仍處於被動的學習方式，仍習慣「教師教、學生學」的傳統模式。因此，教育要實踐以學生為中心的理念，並非一蹴可幾。以下，提供若干策略參考之。

（一）減輕或調適外在的教育束縛

教育難免受到外在升學壓力、家長教育期望、績效責任等因素影響，而無法讓教師在教育上自主及解放，而產生過度主導性或指導性的教育。因此，

若能適度兼顧，採取折衷策略並妥善調整教育態度與思維，仍然能實踐此一理念。

（二）提供生活情境或經驗的教育

從學習心理而言，提供「生活情境」或「經驗的教育」給學生，屬於提供「直接」、「具體」、「實作」的學習經驗，最能吸引學習興趣並達最好的教育效果。

（三）改變教師陳述式教學的角色

學生並非填充知識的「容器」（fit），教師應調整「我說你聽」的陳述式教學，而改為「多向互動」的教學及運用發表、對話與討論等方式，以協助學生「統整」、「應用」、「內化」與「轉化」知識。

（四）實施「團隊學習」（team-based learning）

以「團隊學習」的方式，來有效增進學生之間團隊的「分工」與「合作」，以促進彼此相互交流與學習，不但可改善學生學會與他人共事的方式，也訓練對自己與團隊的學習成效負責的態度。

三、結論

以學生為中心的教育思維，即希望教育能讓學生感受學習是快樂的、有趣的、創意的與自主的，而非痛苦的、緊張的、乏味的與被動的；教育若能提供與滿足學生的學習需求，則才能真正實現「以學生為中心」的教育理想。

Unit 1-4
教育在致力求善及求美

一、真善美之連帶關係

人類的一生其所追求的，無非只在追求生活的真、善、美而已；也唯有追求真、善、美之人生，才能獲得美好與完美的生活。

知即善，善即知；知可教，善亦可教。人類經由理性思維所追求之真知，若無正向良善與美好情感的支持和激勵，則無法持之以恆，以及追求更美好至善之人生。

其次，美與善同源，沒有真正的善，不美；沒有真正的美，不善。因此，教師應正向積極地引導學生「互助合作」（即利他）、「與人為善」及「與人同美」（或成人之美）。

所以，真、善、美三者從實際層面分析，實具有相互依賴與相互依存的密切關係，唯有三者的圓滿，才能彰顯人生的意義、價值與光彩。

二、求善

希臘三哲——蘇格拉底、柏拉圖和亞里斯多德，皆肯定人皆具有理性，因而能分辨是非善惡，此即求善之體現。通常求善包括「美德養成」、「實踐善行」、「幸福人生」等三者；換言之，求善，即應引導學生從生活經驗中思辨與實踐，一方面要遵守已有的良好規則，另一方面亦需尊重他人，欣賞別人，進行良性的競爭，理解社會倫理道德的意義與價值，並能將所獲得的知識廣泛應用。

因此，教育要達成「善知」、「善念」與「善行」三者並合而為一，在消極方面，即應指導學生明事理，知廉恥，節制天性的衝動與慾望，不做違反社會倫理道德之規範或行為；另外，在積極方面，則應培養學生擁有獨立自主自律之精神，和有所為及有所不為的健全品格。

三、求美

人類與生俱來通常即具有美感之存在，並具有「審美」之能力，不但「愛美」、「欣賞美」、「感受美」，且能「創造美」；美是一種主觀的感覺，能使人心愉悅滿足，激發人對生命的感動，更有助我們思考與人生之關聯性。

「美」通常具「有形」與「無形」之別，不但能透過可觀察的具體物之外表呈現，亦可經由不易觀察的非實物和無形相之氣氛呈現。

教育要協助學生完成自我實現，促進美感之健全發展，獲得圓滿幸福的生活，則必須要求美；即一方面要努力勤奮，先苦後甘，自強不息，扎扎實實地探究知識；另一方面能享受分析、探究、思考和發現知識的喜悅，且樂在其中，並能將所獲得知識簡易陳述之。

因此，美感經驗之引導，乃教育之重要職責；要實現美的理想，必須依賴教育的實踐；要印證美的理論，亦需依靠教育的研究與發展。

蘇格拉底　　　柏拉圖　　　亞里斯多德

幸福人生

求　善

美德養成　　⟷　　實踐善行

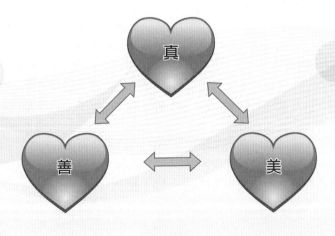

真

善　　⟷　　美

Unit 1-5
教育在促進全人之發展

圖解教育學

010

一、全人教育的意義

「全人教育」（holistic education）主張教育應充分發展學生個人潛能，培養完整個體。西方教育家康德（Immanuel Kant, 1724-1804）曾說：教育在於以培養「人之所以為人」為主要目的，即指出教育應發展完整個人的重要性。

全人教育並非要培養「完美無缺」的人，而在於讓學生能接納自己與他人，強調學生應能「認識自我」、「珍惜生命」、「尊重他人」及「正向價值觀」；並讓學生有「自由探索」、「自由學習」、「自由表達」、「自由選擇」、「自由成長」的機會，以培養學生「樂於學習」、「積極學習」、「主動學習」、「廣闊視野」、「積極工作」等態度，將來對社會和國家有承擔且善於與他人合作、樂於服務社會，而非只是懂得課本裡的一些「教條主義」而已。

二、全人教育的由來

全人教育乃二十世紀七十年代由北美興起，以現代進步教育的觀點來說，其非常反對以傳授知識和技能為主而忽略個體的身、心、靈發展，甚至漠視好奇心、創造力、想像力與自我實現的啟蒙，認為這樣的教育並無法使學生成為一個「真正」、「全面」、「完整」的個體。

另從學校長期受到「升學主義」、「文憑主義」、「智育主義」的影響，而導致考試領導教學的問題，教師或家長出現「急功近利」的做法，僅以大學指考或國中基測「考不考」作為教學與學習的範圍，間接使學生多元智能發展受到抑制，導致偏態、負面的教育問題不斷出現，而促使全人教育思維的崛起及發展。

三、全人教育的積極作為

學校要實現全人教育的理想與目標並非不可能，可致力完成下列幾方面：

（一）**教育原則方面**：充分尊重學生的完整人格，「從做中學」、「從做中體驗」以達「知行合一」的教育目標。

（二）**教育內容方面**：將學習內容加以統整，並應兼顧「認知與情意」、「人文與科技」、「專門與通識」的生活化課程。

（三）**教育方法方面**：兼顧「正式」、「非正式」和「潛在」課程之功能，提供學生充分探究身心潛能機會，並兼重思考與操作、觀念與實踐、分工與合作、欣賞與創作的學習過程。

（四）**教育評量方面**：應兼顧德、智、體、群、美、情等層面的評量，經常省思自己活得快樂嗎？幸福嗎？知足嗎？有意義嗎？等。

四、結語

生命最重要的是「生活」而非「成績」，生命教育乃教育改革不能缺漏的最重要一環，缺少生命教育，則全人教育無法實現。

教育以培養「人之所以為人！」
即達成「全人教育」目標！

「全人教育」並非要
培養「完美無缺」的人！

```
                    「全人教育」
                (Holistic Education)
     ┌──────────┬──────────┴──────────┬──────────┐
   強調        讓學生       以培養        教育的
 學生能……      有……       學生……       積極作為……
     │          │            │            │
  認識自我     自由探索      樂於學習      從做中學
     │          │            │            │
  珍惜生命     自由學習      積極學習      從中體驗
     │          │            │            │
  尊重他人     自由表達      主動學習      知行合一
     │          │            │
  正向價值觀   自由選擇      廣闊視野
                │            │
             自由成長      積極工作
```

Unit **1-6**
教育在於發展多元智能

一、多元智能的理論

　　人類個體之間，在發展、學習、記憶、思考、知覺等各方面，皆存在許多不同的差異現象。美國心理學家哈沃德·加德納（H. Gardner）於1983年出版《心智結構》（Frames of Mind）一書，提出「多元智能」（Multiple Intelligences）的理論，他認為IQ定義過於狹隘，未能真實反應個體的真實能力，打破長期以IQ唯一獨尊的局面。

　　另外，美國的丹尼爾·高曼（Daniel Goleman）於1995年也提出了「情緒智能」（Emotional Intelligence, EI），與Gardner多元智能中的「人際智能與內省智能」，基本上是相呼應的。Gardner的多元智能理論，強調教師應理解每位學生天生即擁有八種以上的智能，只是優劣或發展不一，因此，教師應重視學生智能間的個別差異，屏棄「單向式」（one dimension）的教學思維慣性，使用「差異化」（differential）、「多元化」（multiple）的教學策略，激發學生自我學習的成就感，並協助學生在教育的潛能上獲得最大的發展區（ZDP），讓學生學習得更快樂、更有自信心！

二、教師如何發展學生的多元智能

　　傳統教師以傳授知識為主，多元智能則可活化教師的教育思考方式，創意地探索學生的學習興趣，扮演喚醒學生智能的啟發者。

　　孔子曾說：「不憤不啟，不悱不發」，即強調學生進行主動學習的重要性。唐朝詩仙李白也說：「天生我才必有用」，意即並非每位學生的智能皆相同，其興趣、嗜好、性向，甚至學習方式也不盡相同。因此，教師植基於多元智能理論之觀點，應活化教學思考並因勢利導，才能教出能活用知識、充分展現創意思維的學生，以協助學生適性發展。

　　所以，當學生只在某些方面的才能特別突出，而未能在認知領域趕上進度時，教師不要只以責罰方式處理，應以多元智能理論協助學生找到適合其學習的方式進行學習。以下提供若干策略，作為教師發展學生多元智能的參考：

　　（一）實施「差異化」、「個別化」、「特殊化」與「多元化」的教學，以解決學生學習個別差異之問題。

　　（二）教師除重視總結性評量外，亦應兼顧教學過程的形成性評量，不能僅以紙筆測驗來評量學生，而忽略副學習與輔學習的情感、思想與態度之表現結果。

　　（三）實施多元評量，除紙筆測驗外，運用觀察、晤談、作業、練習、實作、調查、實驗、報告、紀錄、表演、欣賞等方式，以完整及全面瞭解學生學習效果。

　　（四）運用「合作－行動」學習法，讓學生能即時的相互學習，並相互尊重差異與包容異己。

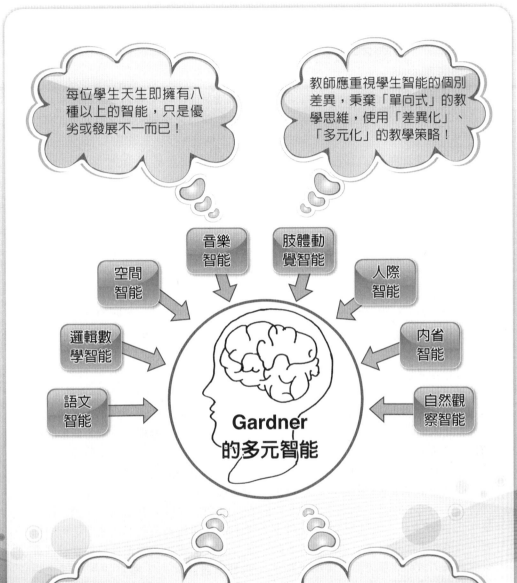

Unit 1-7
教育在激發創造與想像

圖解教育學

014

一、創造力與想像力的意義

二十一世紀乃人類科技、資訊快速發展及遽變之時代，我們正面臨以「腦力」決勝負的「知識經濟」時代，也面臨「第三次產業革命」的來臨。因此，不論是創造力（creativity）、想像力（imagination）、批判思考（critical thinking）或解決問題之心智思考能力，皆是未來世界公民的重要基礎能力。

行政院於1996年的《中華民國教育改革總諮議報告書》中，提出「多采多姿，活潑創新」之現代教育方向，為創造力教育時代拉開序幕。爾後經濟部、國科會積極推動一系列之創造力相關研究，社會各界也持續推行各項激發創造力發展之競賽活動。在「科技化國家推動方案」、「知識經濟發展方案」、「新世紀人力發展方案」與「第六次全國科技會議」中，創造力與創新能力均為重要議題（教育部，2003）。

此外，在美國心理學上素有的第三勢力（third force）——人本主義心理學，即強調「教人」比「教書」還重要，「適才」比「專才」更重要。環顧世界各國的教育改革思潮，皆期望教育能激發學生的創造力與想像力，因為這關係到國家未來的競爭力與發展。而在我國古代書籍中，明代的《明夷待訪錄》也含有這樣的教育改革思想。

二、創造力的內涵

創新乃一系列知識生產、利用、組織及擴散的過程，若創造力是創新的火苗，想像力則是創新的源頭，兩者乃提升國民素質和發展知識經濟的關鍵。

創造力須掌握五個主要特徵，即「變異性」（變）、「流暢性」（多）、「獨特性」（奇）、「精密性」（全）和「敏覺性」（覺）等。

心理學家瓦拉斯（G. Wallas）認為通常創造力從開始到完成的思考歷程，需經過「準備期」（起點）、「醞釀期」（深思）、「豁朗期」（頓悟）和「驗證期」（檢證）等四個歷程，每個歷程皆非常重要且前一個階段是下一個階段跨越發展的基礎。

三、創造力與想像力的教育方法

孔子曾說：「舉一隅不以三隅反，則不復也。」而要促進與提升學生的創造力和想像力，乃需秉持「啟發式教學法」和「以學生為主體的教學法」的重要教學原則。

布魯納（J. S. Bruner）主張「任何教材，皆可透過某種形式教給任何的學童」，此即指出教師若具有創意或創新的教學設計能力，適當運用「屬性列舉法」、「腦力激盪法」、「檢核表法」、「強迫聯想法」等，則可有效激發學生的創造力與想像力。

教師亦可實施「協同教學」，結合不同教師的專長，共同計畫合作進行創意或創新的另類教學方法。

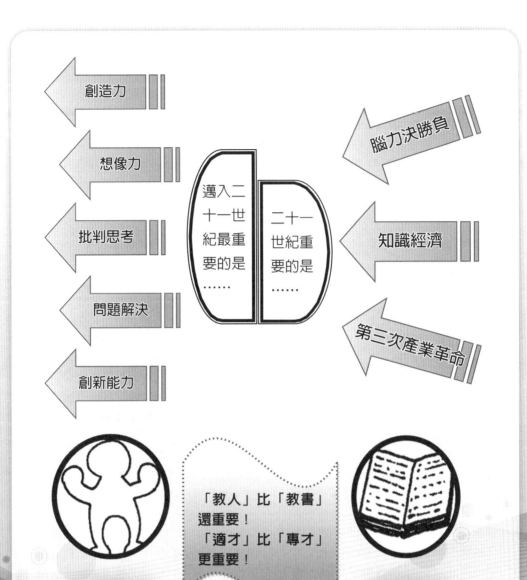

創造力

想像力

批判思考

問題解決

創新能力

邁入二十一世紀最重要的是……

二十一世紀重要的是……

腦力決勝負

知識經濟

第三次產業革命

「教人」比「教書」還重要！「適才」比「專才」更重要！

人本主義
心理學

Unit **1-8**
教育並非價值中立導向

一、何謂「價值中立」的教育

　　何謂「價值中立」（value free）？教育能否達到或實現價值中立呢？相當值得思辨。關於教育價值中立問題，我們可從當代的教育和心理學界頗富盛名的大師論述來理解。

　　首先是美國的赫欽斯（Robert M. Hutchins, 1899-1977），曾於1929年至1945年擔任美國芝加哥大學校長，其曾大膽的說：「不論古今中外，任何教育制度都帶有『非人性』（inhuman）、『無人性』（nonhuman）及『反人性』（antihuman）的內涵。」因為教育制度皆由國家頒訂、監督與執行，無可避免地受到執政當局政治意識型態的影響。

　　其次，美國的Apple（1993）也曾說：「教育並非一種價值中立的事業。」他認為學校教育在知識的選擇、分配、傳遞或評鑑等方面，即常以明顯或潛在的方式，選擇或忽略某些價值，而進行一種價值的引導，並且經常再製或複製社會優勢階層所反映的意識型態之霸權（ideological hegemony）。

　　第三，近代巴西學者保羅‧弗雷耶（Paulo Freire）亦曾主張「教育即解放」，其認為教育和政治之間的關係無法脫離，因而必須賦予教育積極的能動性，將其視為轉化社會與解放人類的方式。因此，教育並無法達到價值中立。

　　由此可知，教育是否價值中立概念言人人殊，主要係因其涉及主觀思想與意識型態，具有複合性概念，當然無法要求所有人皆有一致性、統一性之看法或想法。因此，學者對教育價值中立的問題，自古以來即存有相當多的歧見，也一直充滿爭議。

二、教育價值中立的可行策略

　　教師在教育上要致力達成價值中立，首先教師實施教學時，不能僅引導學生進行「機械式模仿」（mechanical imitation）活動和「經驗─分析」（experience-analysis）工具理性價值的思維，應引導學生以自身經驗內容、自我體驗和表現為基礎，進行經驗與價值的互動與轉化，而非固定經驗的模仿學習而已。

　　其次，培養學生針對學習的知識內容進行批判分析思考，以對立矛盾的問題，避免過度的指示，以協助學生找出思考中的矛盾差異或不足。

　　最後，教師如何化解或解構教育價值不中立的影響呢？即師生於教育的過程中，需不斷檢視「權力」、「意識型態」和「霸權文化」所加諸的潛在影響。若教育實施能以學生為主體，重視學生所思、所感、所知的存在經驗，以能說、能看、能做的方式主動詮釋與創造生存環境的意義，則有助於喚醒學生自我意識之覺醒。

Unit 1-9
教育兼顧好的歷程與結果

一、前言

素有「西方孔子」之稱的蘇格拉底（Socrates）將教育比喻成「產婆術」、「詰問法」，亦即將教育隱喻如「接生」之過程，引導與啓發潛藏的人性，以實現德智之教育目標。我國《詩經》曾說：「曳馬飲河，馬不飲河，其奈馬何？」即意謂教師在實施教育時，不應僅只重視教育結果，亦應重視學生在學習過程中，「良善動機」的引導與啓發之重要性。

二、教育的歷程與結果之意義

「Learning how to be」（學習如何生活），即主張教育並非僅教導學生獲得高深的高階知識或技能而已，教育不但要教導學生「如何知」、「知什麼」、「爲何知」等屬於「認知」層面的知識，更要引導學生進行「體驗」與「實踐」，即讓學生能達到王陽明「知中有行」、「行中有知」的「知行合一」或蘇格拉底的「知即德」之境界，知與行兩者互爲表裡，不可分離。

任何階段的學校教育，經常透過各種多元形式的課程，包括有形或顯性的「正式課程」（formal curriculum）、「非正式課程」（informal curriculum）、「彈性課程」（alternative curriculum）、「空白課程」（null curriculum）；及學校容易忽略，該教而沒教，屬於無形或隱性的「潛在課程」（hidden curriculum）等，即透過多元形式課程，並兼顧學習歷程與結果，以循

循善誘地引導學生進行認知、技能與情意等知識領域的學習。

三、兼顧好的歷程與結果之重要性

教育的對象是「人」，乃是活生生、有血、有肉、有靈魂的「個體」；教育實施若過度受到外在的「升學主義」、「功利主義」、「智育主義」、「菁英主義」、「文憑主義」、「科技主義」、「理性主義」等之影響，只強調與重視最終之結果，而忽略教育的歷程，即可能流於「技術性」、「機械化」、「形式主義」等之教育問題，則會造成「爲達目的而不擇手段」的窘境，更容易傷害學生在「身、心、靈」之健全發展。

從古至今，西方教育家也曾提出許多有關教育的主張或言論，諸如法國盧梭（Jean-Jacques Rousseau）的「自然教育」；美國杜威（John Dewey）的「教育即生活」（Education as Life）、「學校即社會」（School as Social）；美國馬斯洛（Abraham H. Maslow）的「人文主義思想」；特殊教育的「零拒絕」理念；華德福的「慢學」教育主張；一般普羅大眾認爲教育應「非暴力」、「終生學習」、「活在當下」、「良心事業」、「學以致用」以發揮所長；此即皆強調教育不應過度受到成人及外在環境之影響，應致力於喚起學生個人的「行動」、「思維」與「意識」，兼顧「好」的教育歷程與結果之重要性，則教育才能正常與自然地發展。

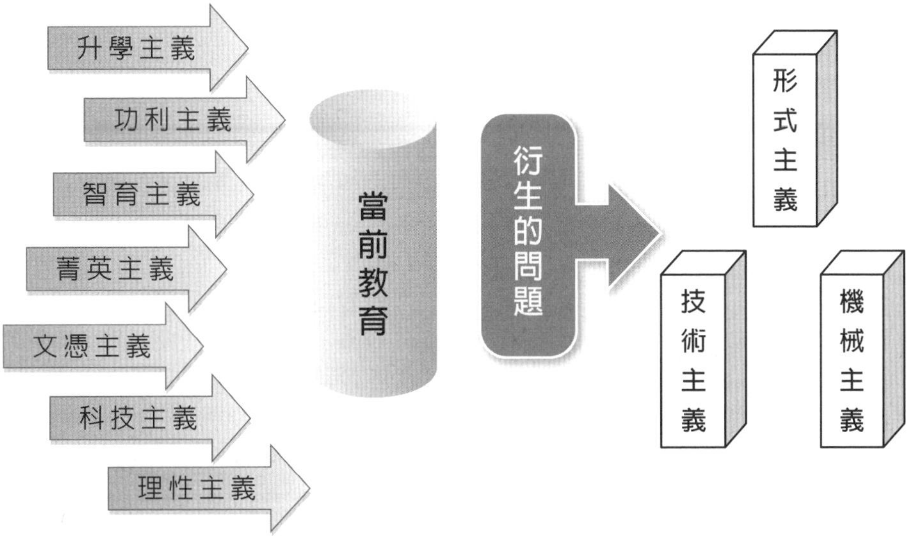

升學主義 →

功利主義 →

智育主義 →

菁英主義 →　　當前教育　　衍生的問題 ➡　形式主義

文憑主義 →　　　　　　　　　　　　　技術主義　　機械主義

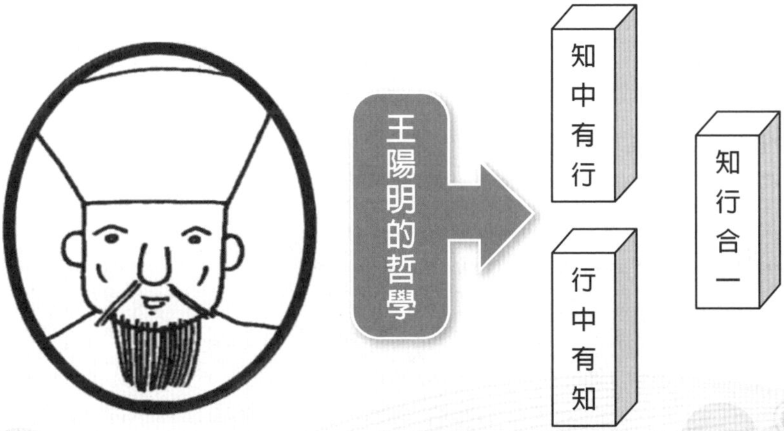

科技主義 →

理性主義 →

王陽明的哲學 ➡　知中有行　　知行合一

行中有知

蘇格拉底的知即德

Unit **1-10**
教育既求知且重 ZDP 發展

一、前言

現在一般學校教育的最大缺點，乃「只重現在，而未注意未來發展」！此係受到社會外在環境的功利主義、科學主義等之影響，教師的教育或教學實施，僅強調「如何最快獲得知識？」「如何獲得高分？」「如何快速達到教學目標？」「如何提升教學效能？」等等，此皆過於強調教育認知層面效果的獲得，而卻非常忽略如何透過教學過程，未能協助每位學生的ZDP潛能獲得最大的發展，而衍生其他嚴重的學生偏差行為與教育問題。

二、「ZDP」的概念是什麼？

前蘇聯的心理兼語言學家利維·維高斯基（Lev Semenovich Vygotsky）提出「近側發展區」（the Zone of Proximal Development, ZDP）的理論，他認為個人認知發展的「實際水準」與「潛在水準」之間的差距，即所謂的「ZDP」；換言之，即學生能獨立完成的成就與在教師或成人協助下能完成的成就中間有一段距離。因此，最理想的教學與學習之效果，只有在ZDP內才會產生。

維高斯基認為，教學的目的不在於教學生獲得多少知識，而在於能否透過教學活動發展學生的潛能。任何教學或學習皆存在某些問題，成人或教師只要能在教學過程中，適時提供一些訊息、提示、架構或方向，即適時地提供「鷹架」（scaffolding），即可幫助學生跨越或超越學習的極限。

一般而言，有別於一般傳統的、單向的評量，而具有「雙向互動」性質的「動態評量」（dynamic assessment），最能反映出學生的ZDP區。因此，教師在實施動態教學評量時，只要提供有意義的互動、協助與回饋教學，以「測驗—介入—再測驗」的方式，即能誘發學生的潛能表現，若學生能正確回答，代表題目所對應的概念即在學生的可能發展區中；反之，學生經過協助之後，若仍然無法正確回答，則代表其對題目所對應的概念仍然未能清楚理解。

三、結論

學校教育及教師教學的目的，不在於讓學生「知道了多少？」「記得了多少？」「學到了多少？」而在於是否能真正發掘及開展學生潛在的能力！

雖然教育實施及教師教學仍無法避免受到社會、政治、經濟、文化等外在環境之影響，教師仍應反思諸如「教學的主體是誰？」「要將學生帶往何處？」「能否開展學生的潛能？」等層面之問題，才能兼顧教育之目的在求知與ZDP之發展。

Vygotsky的ZPD動態表現

學習的難度

潛在表現水準

ZPD

實際表現水準

潛在表現水準

ZPD

實際表現水準

時　間

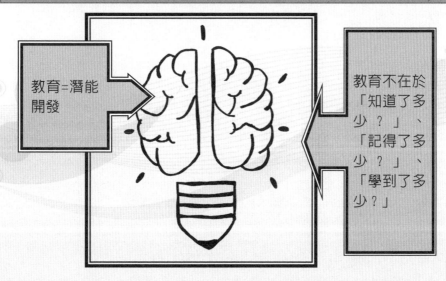

教育=潛能開發

教育不在於「知道了多少？」、「記得了多少？」、「學到了多少？」

第 2 章

教育大哉問

●●●●●●●●●●●●●●●●●●●●●●●●●●●●● 章節體系架構 ▼

　　教育問題一直受到家長及社會大眾的關注！面對錯綜複雜的教育，許多教師或家長常有「夫子難為？」「父母難當？」之嘆！然而，這些問題的癥結何在呢？其實，外在教育環境本來即不斷地在改變，且直接或間接影響教育的發展。

　　不過，面對這些棘手的教育問題，我們沒有悲觀或逃避的理由，仍需以審慎樂觀的態度來因應。一枝草一點露，每位小孩都是一塊瑰寶，教師或家長要善用各種不同或多元的方法進行適性引導，才能逐一地面對與解決問題。

Unit 2-1
是「學生問題」或「問題學生」？

一、什麼是問題學生？

所謂「問題學生」，係指學生個人經常有不良的適應行為、問題行為或異常行為等，即行為顯著偏差，有違一般常態，違反社會規範，甚至觸犯校規或法律，妨礙個人正常生活適應之行為。

此外，問題學生亦不聽從教師的指導與教誨，一而再且再而三地明知故犯，造成自己或他人的損害，此即違反學校公民教育的目標，無法真正培育學生在民主社會中作為一位盡責公民的修養與行為。

二、思辨：學生問題或問題學生

一般教師對於經常違規犯錯的學生皆感到相當的頭痛！不過仍應謹慎思考這些學生是否真的非常十惡不赦，或先天即具有劣根性？此即謹慎思辨「學生問題」或「問題學生」層面之問題！

對於經常違規犯錯之學生，若屬故意或已養成習性，即屬於「問題學生」。若僅是偶爾違規犯錯，一時粗心大意，甚至不小心，並非故意，且並非十惡不赦，則應屬於「學生問題」。

孟子曾說：「不教而戰，謂之殺。」當學生違規犯錯時，若教師未能掌握時機教導學生：什麼行為是適當的，或該如何做才是正確的，則教師當然無法免責！如果教師平時即不斷叮嚀及耳提面命地提醒，學生仍然違規犯錯，則當然是學生的錯！

此外，雖然教師經常教導與提醒，但學生仍然犯錯，若經再次給予改過向善之機會，則仍應原諒與寬宥，此即學校迥異於警政、檢調或法院機關，依國家制定法令規章，科以各種刑罰之處理方式。畢竟學校屬於教育單位，學生的各種行為即需透過教育過程，不斷地修正與改正。

三、瞭解學生問題的類型與成因

不管學生的問題為何，教師皆應主動瞭解與掌握問題的類型與成因，分析其係屬於學生個人的「內在因素」（如：智能、學習態度不佳、專注力等）、「外在因素」（如：教學問題、教學方法、學習內容艱深等）或「其他因素」（如：干擾等）所造成，才不致誤將「學生問題」視為「問題學生」，而讓問題延宕與惡化！茲將學生問題的類型與成因，簡要臚列說明如下：

（一）學生問題的類型

國小或國中學生問題之類型相當地多，舉凡包括逃學、翹課、中輟、援交、霸凌、暴力、網路成癮、違規犯錯、屢勸不聽、不寫作業、遲到、不專心、吸菸、吸毒、虐待動物、憂鬱、自殘、恐懼、強迫、焦慮、挫折、情緒困擾等等。

（二）學生問題的成因

學生問題的成因有三方面，首先是個人的「生理」（如：大腦、內分泌、神經系統）因素；其次，「心理」因素；第三，「社會環境」因素，即包括同儕次級文化、社會價值觀、語言文化、種族偏見與歧視等。

吸菸、不專心、虐待動物、屢勸不聽、不寫作業、遲到、吸毒

憂鬱、自殘、恐懼、強迫、焦慮、挫折、情緒困擾

逃學、翹課、中輟、援交、霸凌、暴力、網路成癮、違規犯錯

學生問題的類型

1. 個人的「生理」因素：如大腦、內分泌、神經系統

2.「心理」因素

3.「社會環境」因素：包括同儕次級文化、社會價值觀、語言文化、種族偏見與歧視等

學生問題的成因

Unit 2-2
是「學生問題」或「教師問題」？

一、教師應如何處理學生問題

在學校的日常生活中，許多事情是相對的或一體兩面的，因而當教師在處理學生的事情時，應特別注意及思考到這方面的邏輯問題。

當教師遇到學生的問題時，應該如何妥善地處理呢？以下有三點建議：

（一）教師應以EQ處理學生問題

首先，教師應避免主觀地認為是學生明知故犯、素行不良或惡性行為使然！教師應做好情緒管理，避免以情緒來處理學生問題，以免將不是問題的學生，變成是學生的問題。處理學生問題時，切勿急躁，只有冷靜才能瞭解問題為何。

（二）避免先入為主的刻板印象

每位學生的表達方式皆不同，教師要有相當的耐心，才能瞭解學生的問題為何？不能因教學工作繁忙或想快速處理問題，而誤將「學生問題」視為「問題學生」，如此才能避免變成是「教師問題」。

（三）瞭解內、外在形成的原因

學生問題形成的原因，往往並非單一因素所造成。例如，暴力行為並非僅是遺傳因素或學校管教不當而已，同儕、媒體的學習模仿也是主因之一。

因此，從各種不同角度來瞭解問題的來龍去脈，避免主觀先入為主的刻板印象，才能釐清問題真相。甚至可思考是否係因教師教導不周或教導有問題所造成的學生問題，才不至於演變成是教師的問題！

二、如何提升處理問題的專業能力

教師在處理問題方面，如何發揮輔導與教學專業知能與精神，有下列四點建議：

（一）充實教師專業輔導知能

當教師只有愛心是不夠的，除需瞭解孩子的身心發展狀況的專業知識外，還要具備輔導的知識和能力基礎，以快速瞭解每位學生可能產生及面臨的問題，甚至提供家長輔導管教的專業建議。

（二）增加教師專業輔導實務經驗

以懲罰處理學生問題，不但無法解決問題，反而容易造成學生身體傷害，甚至觸犯法律。因此，培養教師具有教、訓、輔的統整理念與能力，並充分運用專業輔導實務經驗，以心理分析、自我洞察、行為改變技術、理情治療法、生物治療法等方式，並秉持同理心、真誠、無條件積極關懷等原則，必能有效處理問題學生及學生問題。

（三）提升教師高效能的教學

高效能的教學能使學生獲得人性化及滿意的學習，發揮教學的本質、意義與功能，兼顧認知、情意與技能等領域的教育目標達成，並使教學達成主學習、副學習、輔學習的理想。

（四）有效整合學校與社區專業資源

學校對於難以管教學生及管教不當之教師，宜引進專業的社工師和心理師適時提供協助，甚至協助提升教師專業輔導知能與技巧，以有效減少師生衝突問題。

教師如何處理學生問題
三點建議

1. 教師應以EQ處理
學生問題

2. 教師應避免先入為
主的刻板印象

3. 瞭解內、外在形成
的原因

教師應如何提升處理
問題的專業能力

充實教師專業輔導知能	增加教師專業輔導實務經驗	提升教師高效能的教學	整合學校與社區輔導資源
以快速瞭解學生可能產生及面臨的問題	培養具教、訓、輔的統整理念與能力,並運用輔導實務經驗	使教學達成主學習、副學習、輔學習的理想	協助提升專業輔導知能與技巧,以減少師生衝突問題

Unit 2-3
學生不寫功課時，教師怎麼辦？

圖解教育學

028

一、換個角度思考不寫功課的原因

許多教師皆曾經面臨一些經常不寫功課的學生，當教師每日處理繁重的教學工作之餘，又要處理這些不寫功課的學生，實在令教師們感到十分無力、非常頭痛且束手無策，而有夫子難為之嘆！

當教師遇到此問題時，若能換個邏輯角度思考問題，假如學生們皆能「一教就會」、「一講即懂」、「舉一反三」，那還需要教師的教導嗎？若每位學生皆那麼地容易教及主動學習，則人人皆可當教師，甚至任何人皆可取代教師的位置！此一問題非常值得教師們深思。

教師之所以為師，可貴之處即在於教師遇到棘手的問題時，能展現教學與輔導的「專業」、「倫理」、「愛心」與「熱情」。若僅只一味責怪學生能力不佳、懶惰且不主動學習，不但無法解決問題，甚且無法展現教師的教學專業與能力！

若教師能針對實際情況，發現學生需要處理的問題，提出解決方法，例如，可運用學生同儕，延請優秀的同學擔任小老師予以指導；或給予緩衝時間降低要求標準，並能給予適時的幫助或輔導，則不但能即時處理問題，更能彰顯教師的專業能力與專業倫理。

二、深入瞭解學生不寫功課的原因

教師首先應瞭解，學生不寫功課的原因相當多，而要快速地解決問題卻相當不容易。不過，教師可以平時評量成績做初步的判斷學生問題是屬於個人的「生理」或學習的「心理」問題；其次，思考是否為外在的因素所造成，諸如教師教學、課業難度、交友情況、外在誘因、家長期望等；接著，可嘗試提出若干策略來解決問題。

教師經過上述的方式進行思辨後，若是屬於「個人的生理」或「個人學習心理」問題，則教師可先瞭解學生平時的數學與國語的評量分數是多少？如果數學並非很努力，卻能考80分或90分以上，即表示天資聰穎，只是不努力而已。尤其國語若只考60分以下，更可確定屬於「天資好但努力不足」。此時若運用行為改變技術的「獎勵策略」，以代幣制度建立榮譽感，或直接予以物質獎勵，即可收到不錯之效果。

假如國語、數學之評量成績皆不佳，則屬於智能問題，需輔以特殊教育或降低學習目標。若是屬於學習障礙或學習遲緩之問題，則可委請教師進行補救教學，或建議至安親班督促學生將每天課業一定要寫完，待一段時間後再看問題是否已解決。

總之，「以對的方法引導，沒有學習落後的孩子！」要解決孩子不寫功課的問題，應先瞭解問題原因，改變引導方法，讓學生經歷知識形成的歷程，並給予改善的時間。教育孩子是要有方法的，絕非碰運氣或靠偶然的機會！許多孩子不寫功課，係因累積了很多不會的，久而久之即放棄了。若能要求孩子今日事今日畢，則不會再發生不寫功課的問題。

Unit 2-4
一味獎勵學生讀書一定好嗎？

一、天生我才必有用

　　唐朝詩仙李白曾說：「天生我才必有用。」其恰與現代的美國心理學大師Gardner的多元智能主張有不謀而合之處，此即意謂著每位學生天生皆具有多元的潛能，只是各種潛能的優劣及發展不一而已。因此，一味鼓勵學生讀書，而不考其興趣與能力，且忽略其他潛能的開展，並非良策！

　　學生要獲得各種知識或能力，讀書並非唯一之途。其次，如果能夠以學習的角度來看讀書，甚至教室課堂的教學，以適性化、多元化的方式進行學習，相信教師的教學應充滿創意，變化萬千，學生也能提高其學習興趣，對教師的教學一定充滿熱情與期待。

二、事實與父母期望

　　「望子成龍，望女成鳳」，是許多家長的期待。通常很會讀書、很會考試的學生，只是在認知的高階知識，擁有突出的表現，但在其他工作態度，普遍較個人化，不易融入團體，工作態度也較自私，只是被訓練像讀書考試一樣的僵化與呆板，通常缺乏創意與應變能力。

　　事實上，許多明星高中的優秀學生，上課其實並非很專心地學習；一般學習低成就的學生，往往也缺乏上課的興趣。此可能係因考試的影響而扭曲教師的教學，造成教學目的並非培養學生的人文素養、閱讀寫作能力或文學創意，一切以考試獲得高分為目的，而使教學流於固定僵化的三板教學模式。

三、瞭解學習與教學方式

　　學生透過讀書獲取知識固然重要，但讀書並非獲得知識的唯一管道；經由其他多元的學習方式，同樣也可獲取各種知識、經驗與價值。

（一）學習的方式

　　所謂「學習」（learning），係指個體由於經驗而使行為、思想或感覺產生永久性的改變。人類因學習各種事物，而能適應環境變化；人類天生即具某些不需要學習的「本能」（instincts）。其次，可運用「習慣化」（habituation）、「去習慣化」（dishabituation）、「銘印」（imprinting）方式進行學習，並以「充實」（enrich）、「加強」（enable）、「增能」（empower）的「3E策略」，激發學習的本能，鼓勵學生獨立自主地進行學習。

（二）教學的方式

　　每位學生皆有其不同的學習方式，而學習也不一定是在教室的「三R—讀、寫、算」而已。如果教師能掌握教學轉化與學習心理之原理原則，善用「多元教學」、「差異化教學」、「適性化教學」等方式，諸如「創意教學」、「體驗學習」、「合作學習」、「雙代碼理論」、「替代學習」、「角色扮演」、「檔案評量」、「實作評量」、「鷹架理論」、「文化回應教學」等，以適應不同能力學生的學習型態，則一定能大幅提高學生的學習興趣與效果。

擁有高階知識或突出表現，雖符合父母期望，但卻普遍較個人化，不易融入團體，工作態度也較自私及缺乏創意與應變力！

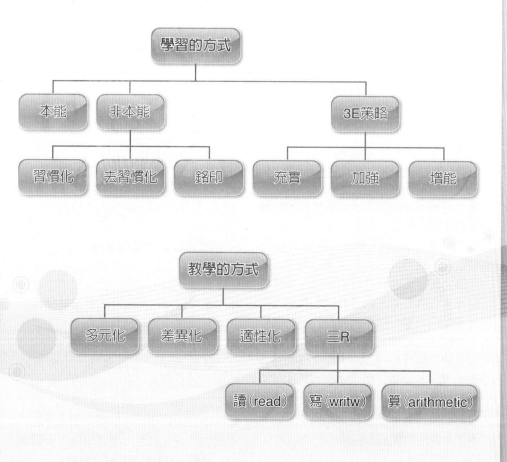

Unit 2-5
教師獎勵學生，難道錯了嗎？

一、從獎勵學生事件談起

　　一般教師在教學上，經常會以心理學的「行為學派理論」的「增強原理」，以物質直接獎勵或間接的代幣法，以有效激勵學生優良的表現。這是相當用心與努力的表現，非常值得肯定與稱許，但卻仍應考量其負面之影響。

　　曾經有某個教學非常認真的國中老師，經常自掏腰包購買獎勵品或給予獎金以鼓勵優異的學生，也頗受家長好評。不過，有一天這位老師也為鼓勵學生優異表現，向學生宣布，只要考試獲得第一名，便給予獎勵金五百元；獲得第二名的學生，給予獎勵金三百元；得到第三名的學生，給予獎勵金一百元。結果卻被該班某些低學習成就的學生聯名寫E-mail投訴到教育單位，投訴理由是老師只獎勵優秀的學生，而貶抑與歧視這些成績不好的學生，並讓他們的心理受到創傷！

　　其實，此問題應不能責怪教師的用心，但也不能忽視學生內心的看法。教師運用行為改變技術獎勵學生優異表現本來就沒有錯，但若教師能有更完整及周全的考慮，則不至於造成另一群學生的傷害、貶抑或歧視之問題；否則當善意的獎勵行為變了調，變成無意義且無效果，甚至造成學生之間的惡性競爭或歧視時，不但無法達成獎勵之目的，也無法發揮社會學習論之楷模學習的效果，非常得不償失。

二、要慎思獎勵的價值

　　教師不能因為獎勵學生，卻因受到指責或挫折，而因此對教育懷抱喪氣與灰心之心理。此時更應轉換思維，以正向的態度妥善面對，並可將其當作是另一個學習與提升自己輔導管教能力的機會，這才是正向積極的思考、有效解決問題的具體實踐方式。

　　其次，教師在教學上適度運用獎勵方式，以鼓勵學生表現優異行為，此乃運用行為心理學派的行為改變技術，非常值得肯定。然而，行為改變技術雖然有其效果，但卻仍應注意可能的某些限制，其可能忽視某些學生內在的心理需求。換言之，任何事情包括教學，皆有正、反兩面之看法與價值，教師應更完整的思考，千萬不能為了鼓勵某一群學生的優異行為，而造成傷害、貶抑或歧視另一群學生。

三、教師該如何獎勵學生

　　教師在教學上鼓勵學生好的、正向的、有進步的表現或行為，本來即是一件美事，但卻不能不思考整個層面可能涉及的問題。那教師應如何做，才不至於衍生其他問題呢？

　　其實教師可稍微調整，不要只鼓勵優異學生的表現而已，更應鼓勵中、下階段能力及有明顯進步的學生，應兼顧與激勵所有層面之學生，則不至於產生顧此失彼之現象，也才能真正達到獎勵、激勵及發揮學習楷模之功能。

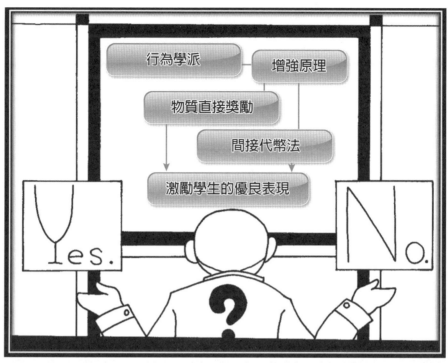

Unit 2-6
如何兼顧學生的個別差異？

一、世界上並不是只有一種人

你能想像，當世界上所有的人都一樣聰明時，我們的世界會是一個怎樣的情況嗎？雖然這是不可能的假設性問題，其實也在告訴我們，應理解差異存在的自然法則。人與人之間，包括你、我、他，是否本來即應有所差異？

其實並非所有身、心狀況「特殊」的兒童，皆可稱為特殊兒童。如天生白髮之學生，但其學習卻與一般生並無差異。特殊兒童之所以特殊，係因「生活」、「學習」、「人際關係」等需要協助的特殊性而言，單純身心特質的凸顯，並非構成特殊兒童的充分條件。因此，若學童身、心特質過分凸顯，非得藉助特殊的協助，才能滿足其教育需要的兒童，才是所謂的特殊兒童。

教育最可貴之處，不在於將這些患有身心障礙的學生視為障礙；而教師最珍貴之處，也不在於怨天尤人地抱怨為何教到這些學生。若能運用教育的轉化思維，以專業方式教育這些學生，則必能化危機為轉機，將劣勢扭轉為優勢！

教育並無法期待每位學生皆能成為「金牌泳怪」、「跳舞奇才」、「繪畫天才」、「音樂神童」、「數學奇葩」等，但卻希望將來成為社會所用，而非成為問題或累贅之人。

因此，理解身心障礙學生，減少教育的歧視、偏見，此舉亦是「教育倫理」的充分展現，也是發揮人道主義精神與社會公平正義。

二、瞭解個別差異的種類

人類的許多身心特質，雖然可以找到一般的趨勢，但每一個體卻仍具有其獨特性。其實一般人可能並不瞭解，個別差異其實具有雙重涵義，即「個別間差異」（inter-individual differences）和「個別內在差異」（intra-individual differences）等兩種。

個別間差異，係指某一個群體彼此間在某一身心特質上的差異狀況。而個別內在差異，則指學生內在各種特質或能力之間的差異性，可能是隱性的，也可能顯現差異，如某個人數學能力比語文能力好。

三、如何兼顧學生的個別差異

家長或教師要如何兼顧學生的個別差異，以充分發揮其長處呢？除了要「因材施教」兼顧「個別差異」之外，在此建議教師或家長應當成為孩子或學生的啟蒙之導師，或千里馬之伯樂。

教師或家長在平時教育孩子或相處的時間，即應運用多元智能理論，仔細用心觀察以發現孩子的優勢智能是什麼？例如，是否有游泳、繪畫、跳舞、音樂、語文、數學、自然觀察等方面的特殊才能，並妥善地進行個別化、適性化引導，並持之以恆地引導其進行練習或學習，則假以時日必能造就如「八面奧運金牌泳怪—菲爾普斯」的非凡成就。

Unit 2-7
別讓孩子輸在起跑點是對的嗎？

一、起跑點的迷思

經常可看到或聽到這一句話：「千萬別讓您的孩子輸在起跑點！」其實，這句話充分反映家長的心聲與期待，並搔到家長的癢處了！

相信大部分的家長或學生，人同此心地皆想贏，不想輸；然而，贏的關鍵，僅以起跑點論斷，即有過分武斷之虞！人生的輸贏應不在於起跑點是否比較早之問題，而在於是否洞悉學習需求與努力方向為何，並知道如何學習、如何進行！

目前社會很多成功企業家，並非資優班出身或臺大研究所的學生；諸如麵包師傅吳寶春，也非出身名校，卻能做出受人歡迎的麵包；鴻海董事長郭台銘僅有高雄海專學歷，卻能成為代工王國的翹楚。

「成功的人，不一定是跑得最快的人，卻是屬於不斷努力、堅持繼續在跑的人！」人生學習的路是漫長的，現在的功課雖然落後了，並非代表未來一定學得不好或輸了！雖然輸在起跑點，但凡事堅持下去，雖不一定馬上可看到成果，不過從努力的過程中，卻可以不斷精進與成長。而家長更應對自己的孩子有信心，才是正確之道！

二、補習是萬靈丹嗎？

「補習班是萬靈丹嗎？」「補習真的一定可提高成績嗎？」應屬於見仁見智之問題。然而，看到許多家長皆將孩子送往補習班，令人不得不相信，補習班真的是萬靈丹！

受升學主義及文憑主義之影響，使得教師、家長、學生皆非常重視分數，因此，所謂「安親班」、「家教班」、「保證班」到處林立，生意興隆，讓補習班似乎已成為另類的一種「全民運動」。

而若干補習班為迎合家長怕自己小孩輸在起跑點的性格，於是花招百出；而家長也不管孩子是否能消化得了、是否太勞累，反正「有補有保庇，有保庇才有希望！」反應出另一種弔詭現象。

其實家長將孩子送往補習班，應有正確之觀念，不應將補習班僅視之為「萬靈丹」而已，應視為輔助孩子學習或成長的一部分而非全部！或應積極思考，是否孩子用錯了學習方法？是否夜間陪伴孩子讀書，養成「全家共讀」的習慣，才是處理孩子學習問題的正確方法？

三、揠苗助長的學習

許多家長因擔心孩子能力不足，一開始即輸了，往往會誤信某些不正確的教育觀念或聽信坊間補習班的宣傳廣告，而替孩子安排至各種數學、美語、音樂、舞蹈、棋藝等補習班，將孩子的學習時間排得滿滿的！其實這都是揠苗助長的學習方式。

「補習應非萬靈丹！」孩子的功課不理想，教師及家長應從旁瞭解觀察，以探究其因，並找出真正的原因或問題的盲點，然後對症下藥，才能提高孩子的成績。

成功的人，不一定是跑得最快的人，卻屬於不斷努力堅持繼續在跑的人！

Unit 2-8
性別差異是天生的或後天的？

038

一、「性別」重要嗎？

2003年起，「性別主流化」（gender mainstream）成為聯合國的主要政策，「性別平等教育」也成為世界先進國家推動的重要工作之一。而我國近幾十年來，在此兩項工作的政策推動和宣導、法令訂定及修訂、課程與教學實施，更是不遺餘力。

首先，教育部於1997年成立「兩性平等教育委員會」（現已更名「性別平等教育委員會」）；其次，教育部並於1998年公布「國民教育階段九年一貫課程總綱綱要」中，已將「性別平等教育」列為重要議題；第三，2004年公布「性別平等教育法」，其中第17條第2項規定「國民中小學除應將性別平等教育融入課程外，每學期應實施性別平等教育相關課程或活動至少四小時」；第四，2008年微調與增修國中小性別平等教育議題課程綱要，並於2011年開始實施。

二、「性不性」由誰？

在許多文化及一般人的信念中，性別就是「非男即女」的異性戀思維，此即以簡單、鮮明、二元的生理與體型之特徵來區分性別（sex）。

此二分法的化約取向，延續及製造刻板化的性別行為表現及特質，男人被塑造成主動／獨立／陽剛，女人則被塑造成被動／依賴／陰柔等。此外，在以男性為主的父權意識型態及社會文化之影響下，我們從小即不斷地被形塑、再製與建構「男尊女卑」、「男主外女主內」等無論是屬於親善型或敵意型的性別刻板印象。

三、性別要如何教？

性別是二元的或多元的？傳統上，父母對於男、女即分別給予不同的「標籤」（labeling），如男生穿褲子，女生穿裙子；男生可以看「無敵鐵金剛」，女生則看「美少女戰士」。此即以二元化性別，自然潛移默化地進行「貼標籤」。而在現今社會脈絡下，要如何超越二元化性別化標籤呢？

（一）擁有「雙性化」

教導學生同時擁有男性化與女性化特質傾向的「雙性化」（androgynous），即不但要獨立、堅強，同時也能溫柔、細心，並依據不同情境來表現合宜行為，而非由父母、教師或別人來判斷。

（二）採用「非性別歧視語言」（nonsexist language）

避免使用貶低某一性別及性認同、性取向的語詞，如娘娘腔、男人婆；修改排他（她）性的字詞或使之中性化，如公告→布告、空中小姐→空服員。

（三）培養兼容並蓄的跨文化溝通能力

使用跨文化情境的溝通策略，以瞭解差異、超越差異來解決不同性別間的溝通困難；建立「心理雌雄同體」，以超越傳統性別角色期待。

（四）進行教育訓練

對女性進行「積極溝通」（assertive communication）訓練，對男性實施「敏感度」（sensitivity）訓練，以增進兩性溝通的效能。

Unit 2-9
要辦好國民教育就是要投資！

一、實施國民教育的理念

「聯合國教科文組織」（UNESCO）於2000年4月揭櫫：「教育是一項基本人權……也是有效參與二十一世紀全球化的社會與經濟必不可少的手段。」因應社會變遷與進步，接受教育不再是少數社會菁英或優勢階層獨享的特權，已逐漸被視為基本人權。

理論上，當一個國家增加在基礎教育的投資，應能提供學童接受正式教育的比率，相對地也會增加國家的生產力和國民平均壽命，此亦可促進教育機會均等，彰顯社會公平與正義。

為促進國民教育實施，我國陸續頒訂「國民教育法」、「國民教育施行細則」、「教育基本法」、「強迫入學條例」等，以「普及」、「義務」、「強迫」、「免學費」的方式來落實國民教育之推動。

二、投資國民教育的重要性

國民教育法第1條揭示：「國民教育依據憲法第158條之規定，以養成德、智、體、群、美五育均衡發展之健全國民為宗旨。」第2條明定：「凡六歲至十五歲之國民，應受國民教育。」第3條規定：「國民教育分為兩階段，前六年為國民小學教育，後三年為國民中學教育。」

我國自1968年實施「九年國民教育」即屬於國民教育，乃每位人民所必須接受的最基本教育，也是提升國家基本的人力素質的教育，其以強迫的、免費的、義務的方式推動，重要性可見一斑。

三、如何辦好國民教育

長期以來，我國對於國民教育的投資，即有相對偏低之情形，畢竟陽春的教育投資是不夠的！「天下沒有白吃的午餐」（There is no such thing as a free lunch.），想要辦好基礎的國民教育，就不能不投資！不能省錢！

2014年8月，「十二年國教」已經上路實施。教育當局意識到改變升學制度並非唯一之途，提升教學品質才是根本之道。因此，教育部紛紛推出「有效教學」、「差異化教學」、「補救教學」等研習，地方政府也大力推廣「學習共同體」、「閱讀理解」研習，從中央到地方，紛紛開增研習為教師增能，期望為改善教師素質、提升教學專業跨出一大步。

（一）量的擴充

「量」的增加，包括就學率的普及與延長國民教育年限。此外，為因應少子化之趨勢，降低班級人數，提高教師員額編制等，皆屬量的擴充。

（二）質的增加

此方面包括積極地改善並充實學校資源，縮短城鄉數位差距，增設不同性質與類型的學校，促進教師專業發展與評鑑等。其次，在課程方面，從「課程標準」走向「課程綱要」再到「綱要微調」。此外，從推動「攜手計畫」、「補救教學」、「閱讀教育」、「創造思考教學」等，亦皆屬質方面的增加。

不管是「國民教育法」、「國民教育施行細則」、「教育基本法」、「強迫入學條例」等，皆以「普及」、「義務」、「強迫」、「免學費」的方式來落實國民教育之推動！

提升或改變教育品質，「量的擴充」與「質的增加」皆須雙管齊下！

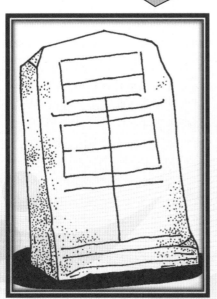

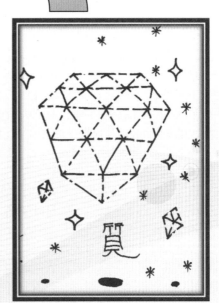

質

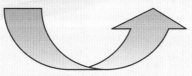

Unit 2-10
國民教育公辦民營可行嗎？

一、前言

國民教育公辦民營可行嗎？從不同角度或立場思考，則當然有不同的看法與結果，甚至有不同意識型態之爭議！然而，面對新世紀的挑戰與未來社會重大變遷，世界各國皆已深深警覺到提升教育素質的重要性。因此，受新自由主義的「教育市場化」與新保守主義的「績效責任」思維之影響，或許「國民教育公辦民營」不但已是無法逃避的不二選擇，甚至可能將是未來發展之趨勢！

二、目前國民教育的困境

目前依照國民教育法第4條規定：「國民教育，以由政府辦理為原則。」我國的國民教育大部分仍由政府辦理為主，雖然受到相當程度的保障，但也相對受到嚴格的「教育法規」和僵化的「科層體制」之限制，各校仍無法因時因地制宜，充分發揮學校教育特色。

其次，公立國民學校因受政府過度保障，長期以來衍生的一些教育問題、效率與效果不彰的問題，一直飽受家長及社會大眾的撻伐。此外，雖有許多學校有經費短缺之問題，但仍有部分學校缺乏資源有效規劃，而有浪費資源與缺乏效率之譏。因此，關心教育的社會大眾對於「公立學校」是否一定要由政府辦理的改革聲浪，即不斷地被提起。

再者，面對全球化、少子化的發展趨勢下，以及來自內外在環境改變，如何提升學校教育的競爭力，充分展現學校的創新與創意的呼聲，則始終未歇！

三、國民教育何去何從？

面對激烈競爭，強調創新的二十一世紀，進行國民教育的改革，激發與促進學校教育的進步與發展，已是無法逃避的選擇。國民教育依照法令之規定應運而生，卻也經常被批評為政府獨占事業。

不過，自1994年的「四一○」教育改革遊行之後，行政院教改會所提出總諮議報告書及有些學者甚至主張應進行「教育鬆綁」，進行法令修改，減少政府不當管制，增加私人興學的保障制度，則為國民教育公辦民營帶來一線曙光。

因此，類似「公辦民營」（private management of public school）或「私人興學」（privately established schools）的觀念即應運而生，亦頗符合「教育基本法」第7條規定：「人民有依教育目的興學之自由；政府對於私人及民間團體興辦教育事業，應依法令提供必要之協助或經費補助……。」

面對社會大眾及家長的改革聲浪，各種教育改革方案似乎緩不濟急，無法滿足教育改革的期待。環伺各種教育改革方案，若能鬆綁及符合相關的教育法律之規範，並引進及發揮私人企業創新經營的效率與效能，以BOT的方式，即從「興建」（build）、「營運」（operation）、「轉移」（transformation）模式的學校公辦民營的思維，如各地風起雲湧興辦的「森林小學」、「全人學校」、「華德福學校」等另類教育，或許將是未來可行之路，甚至是一種趨勢。

042

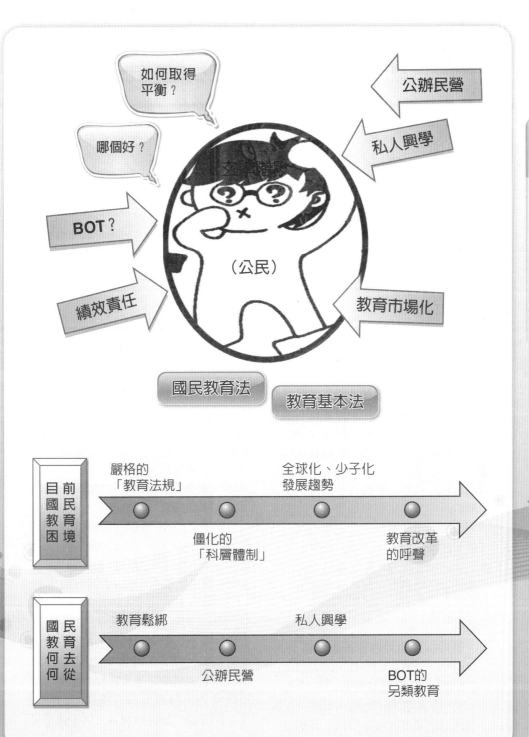

Unit 2-11
教改二十年，學生的壓力減輕了嗎？

一、教育改革的古往今來

自1994年4月由幾個民間團體所發起的「四一○」大遊行活動，已屆滿二十年了，當時提出「落實小班小校」、「廣設高中大學」、「推動教育現代化」、「制定教育基本法」等訴求，而政府隨即回應民間教育改革的呼聲與訴求，仿照日本的制度，於1994年12月成立「行政院教育改革審議委員會」，並於1994年到1996年共提出四期的教育「諮議報告書」及「總諮議報告書」，成為近二十年來教育改革的重要依據。

行政院「總諮議報告書」的綜合建議，提出「教育鬆綁」、「帶好每位學生」、「暢通升學管道」、「提升教育品質」、「建立終生學習社會」等五大方向，並提出八項教育改革的項目，包括「修訂教育法令與檢討教育行政體制」、「改革中小學教育」、「普及幼兒教育與發展身心障礙教育」、「促進技職教育的多元化與精緻化」、「改革高等教育」、「實施多元入學方案」、「推動民間興學」、「建立終生學習社會」等。由此可知，教改最終目的即在透過教育法令鬆綁，減輕學習壓力，提升教育人力素質，以厚植國家競爭力。

二、教育改革有減輕學習壓力嗎？

約翰·杜威（John Dewey）在1930年代就曾領導課程整合形式之教改運動，且頗具影響力。近幾十年來，我國各項教育改革在師資、課程、教學或升學制度政策皆已落實，可是學生的學習壓力為何仍然很重？

另從實施多年的健康促進方案來看，多數學生的體重卻不減反增，學生的體能亦有愈來愈差的現象，接著在學校的體育、音樂、美術等課程，仍有被「配課配掉」、「包班包掉」的現象。此外，在教學實施方面也常有「放牛吃草」的現象發生。為何國民生活素質提升的速度，依舊無法超越所預期的呢？

然而，二十年就這樣悄悄地飛逝，十二年國教已經在2014年8月上路，學生的升學壓力仍未見減輕，補習班也到處林立，不減反增，亦未把學生教好。李家同直言：「拜託教改休兵，不要再鬧了！」他也痛批，廣設大學本該減輕學生負擔，補習班卻愈來愈多，還造成7分上大學的國際笑話（自由時報，2014）。

林百里指出，聰明不見得能創新，讀書好也不見得聰明，教育改革更要試著激發學生創新（蘋果日報，2012）。「教育應該很不一樣！」教改最大問題在於只修改升學制度；雖廢除聯招，卻推出學測、指考制度，仍未見提升教育品質的積極作為。

其實，教育因應全球化、國際化、資訊科技等變革，教育改革進行調整與改變，其原則與方向應絕無錯誤。但若能對整個教育進行完整的慎思熟慮後再進行調整與規劃，而非隨民意潮流，僅進行「頭痛醫頭、腳痛醫腳」的技術性、局部性、盲目的調整，則爭議不至於如此地多。

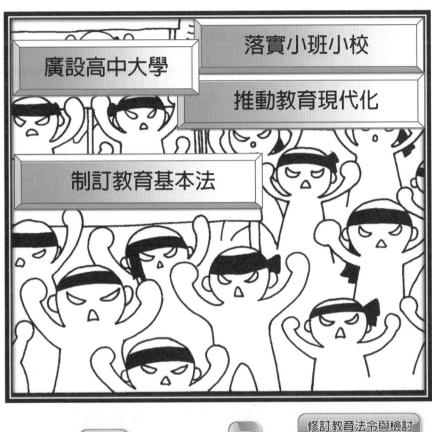

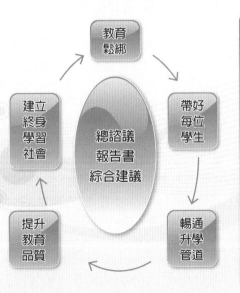

教育鬆綁

建立終身學習社會

帶好每位學生

總諮議報告書綜合建議

提升教育品質

暢通升學管道

行政院的總諮議報告書之八項教育改革項目

修訂教育法令與檢討教育行政體制

改革中小學教育

普及幼兒教育與發展身心障礙教育

促進技職教育的多元化與精緻化

改革高等教育

實施多元入學方案

推動民間興學

建立終生學習社會

Unit 2-12
為何會有「英語雙峰」現象？

一、陳顯「雙峰」現象

臺灣教育近幾十年來，國民教育似乎出現M型化的發展趨勢，尤其在英語和數學兩科特別明顯。從研究統計圖發現，在常態統計圖左邊之英、數成績低的弱勢族群學生變多了，而右邊英、數成績高的學生也變多，成績中間部分的學生則變少了。此種「好的很好、差的很差」的兩極化現象，即「雙峰現象」。

陳超明教授認為：「英語雙峰問題，來自從小『偷跑』！」有能力的家長從幼稚園就送孩子去補習、請外籍教師、出國遊學，這些經濟優勢的家長往往講話最大聲，要求教師進度教快一點；中下程度的家長往往是沉默的大眾，兩者的學習落差就出現極大鴻溝（自由時報，2014）。

二、英語雙峰現象之意義

英語雙峰現象之意義，即學生程度呈「高成就」與「低成就」的兩極化現象。英語對於高學習成就學生而言，是極簡單的科目；但對於低學習成就且無法掌握學習要領的學生，英語便是極困難的學科。

英語雙峰現象已非新現象，且有愈演愈烈之趨勢。究其原因相當複雜，從城鄉、社經地位等差異，即可反映出學力落差。茲拋開學生本身因素，分別從教材、師資、教法等說明之。

首先，英語教材對偏遠、弱勢族群學生而言，似乎太難；部分教材的單字，超過基測命題的一千字範圍，使小學生自暴自棄並喪失學習動機。

其次，教學方法過於單調，並未考慮到弱勢團體的孩子。

此外，偏遠地區學校的英語師資不足，甚至必須靠替代役男來教；即使師資足夠，國小只有兩節英文課，似乎無法滿足基本的學習需求。

三、如何消減英語雙峰問題

教育能帶來機會與希望，要消減英文雙峰現象，實施分組、分級教學，已刻不容緩。茲舉出一些方法，提供實施參考：

（一）實施英語能力分級

教師可依照學生的程度分成若干等級，如可分程度較好、可獨立學習、待努力等三個程度，給予不同教材，給學生不同的學習經驗。

（二）進行分組教學

教學時可進行異質或同質分組。異質分組由程度較佳的學生，教導學習較慢的學生；同質分組即將程度較低的、需補救的學生，集中至同一組。

（三）使用生活化教材

「語言學習是一種生活習慣。」以生活化教材，培養基本的溝通能力，並能運用於生活情境中。同時透過團體的「合作學習」方式，以同儕力量，形成良性競爭，以解決素質差異的問題。

（四）實施多元化教學

使用分組競賽、拼字比賽、繪本、歌謠、多媒體等方法，以動態、參與、操作方式，可滿足不同學生的學習型態，增加教學的趣味性，以吸引學生主動學習。

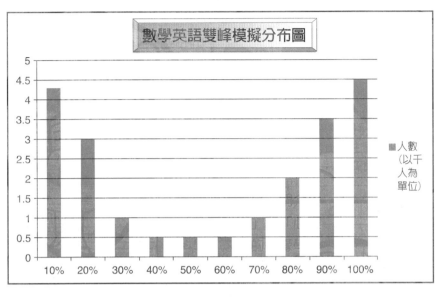

數學英語雙峰模擬分布圖

■人數
（以千
人為
單位）

好的很好、差的很差！
「高成就」與「低成就」的兩極化現象！

如何消減英語雙峰問題

實施英語能力分級	進行分組教學	使用生活化教材	實施多元化教學
依照學生程度分成若干等級，給予不同教材	進行異質或同質分組	讓英語學習成為一種生活習慣	滿足不同學生的學習型態

Unit 2-13
「霸凌」問題真的那麼難處理嗎？

一、前言

「霸凌問題烽火連天！」校園霸凌問題一直揮之不去，除引發社會大眾強烈關注外，教育部也規定各級學校，將每學期開學第一週列為「友善校園週」，以加強防治霸凌的工作。

根據研究顯示，約10%的兒童或青少年曾經是霸凌的受害者，而很多的霸凌受害人可能會出現身體、心理、社會適應之問題，如：社交孤立、過度依賴、被排擠、懼學、緊張、焦慮、人格異常等問題。

通常父母若以溫暖關懷方式管教孩童，會比以冷漠方式管教的孩童所接受的正向反應及正向回饋比較多，足見家庭與父母對孩童身心發展的重要性。

二、霸凌的概念

吳清山、林天佑（2005）指出，「校園霸凌」係指一個學生長期「重複」被一個或多個學生欺負或騷擾，造成受欺凌學生身心痛苦的情形。霸凌思維源自「父權文化」，雖形式不盡相同，但皆屬「攻擊」、「重複」及「權力失衡」關係。

依據教育部最新定義，霸凌係指：(1)具有欺負他人之行為；(2)具有故意傷害之意圖；(3)造成生理或心理上之傷害；(4)兩造勢力、地位不對等；(5)其他經校園霸凌因應小組討論後認定者。

霸凌源自「社會學習」對他人的模仿而來，屬於「反社會行為」，容易對學生的身體、心理、社會適應造成相當大的傷害與扭曲。其次，霸凌的形式通常包括「肢體霸凌」（打、推、踢、搶奪財物等）、「言語霸凌」（取綽號、嘲笑等）、「反擊霸凌」（回霸或霸凌他人）、「關係霸凌」（排擠、造謠等）、「網路霸凌」（電子郵件、簡訊等）、「性霸凌」（取笑或評論對方的身體、性別、性取向，如：波霸、娘娘腔、阿魯巴等）。此外，亦應注意衍生「被霸凌者亦可能成為霸凌者」、「霸凌者可能透過網路去傷害他人」等問題。

三、如何預防霸凌問題

霸凌問題處理，首重「預防先於治療」。以下提供一些建議策略：

（一）營造溫暖、正向、支持的班級氛圍，學生都感受到尊重，彼此包容，瞭解差異，相互合作，教師則是值得信任的及維持正義的最後一道防線。

（二）以「協助」角度，看見他的優點，關懷、重視他，而不直接扣上「他不聽話」、「他就是這樣」的刻板印象，或避免「貼標籤」、「以暴制暴」的方式，才能有效處理或輔導霸凌的學生。

（三）透過個別或集體討論方式，教導學生正確發洩怒氣的方法。面對霸凌者，教師應無條件接納及發揮同理心，更不能放棄「教育」的職責。

（四）教導學生學習拒絕暴力、勇敢說「不」。尤其當面對霸凌時，應拋開害怕表情，說話態度堅定，眼睛直視對方等。

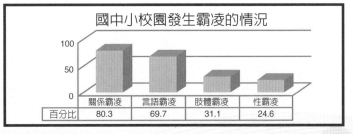

國中小校園發生霸凌的情況

百分比	關係霸凌	言語霸凌	肢體霸凌	性霸凌
百分比	80.3	69.7	31.1	24.6

	定　　義	類　型	具　體　型　態
校園霸凌	1. 兩造勢力（地位）不對等。 2. 攻擊行為長期反覆不斷。 3. 具有故意傷害的意圖。 4. 呈現生理或心理侵犯的結果。	肢體霸凌	毆打身體、搶奪財物……
		關係霸凌	排擠孤立、操弄人際……
		語言霸凌	出言恐嚇、嘲笑污辱……
		網路霸凌	散布謠言或不雅照片……
		反擊霸凌	受凌反擊、「魚吃蝦米」……
		性霸凌	校園性侵害或性騷擾
教育部最新定義			

Unit 2-14
釐清「快樂學習＝輕鬆學習」嗎？

一、釐清學習的本質

學習本來就應是一件自然、快樂的事，但學習受到外在的「升學壓力」、「考試壓力」、「價值觀扭曲」、「過度教育期望」等影響，讓學習是被動、被迫與不堪負荷，使學習充滿挫折感及恐懼壓力。

1956年美國心理學家哈洛（Harry Harlow）的猴子實驗，讓小猴子在兩個「代理母親」之間作抉擇，研究發現，小猴子寧可選擇沒有奶瓶但可以提供安全感的「絨布媽媽」，而非有奶瓶但冷冰冰的「鐵絲媽媽」。此即讓我們知道若孩子沒有安全感，沒有穩定的情緒，要進行快樂的成長與學習，是天方夜譚之事。

此外，多元化與多樣化的學習，形成熱鬧有餘但學習內涵不足之現象，是讓學生「快樂學習」或讓學生「安樂死」，值得我們省思！

二、有快樂學習的情況嗎？

通常學習若屬目的性、工具性，則必然需要付出多於常人的努力，當然無法享受學習的從容、悠閒與快樂。學習若屬自然、無意的，當然能在毫無壓力之下，快樂且輕鬆地學習。

曾有人認為「沒有快樂學習這件事！」、「快樂學習乃天大的謊言！」因為學習若是被迫的、被動的，當然要面對挫折與痛苦，過程必然是辛苦、無趣與艱辛，無論用什麼方法皆不可能產生快樂學習。從古人的「十年寒窗無人問，一舉成名天下知」，即可瞭解學習的孤獨、苦澀與無助！

雖然教改提倡「快樂學習」，但有人認為只要學校少功課、少作業、沒分數、沒競爭，甚至沒課本，則學生自然能快樂學習。然而事實果真如此嗎？恐見仁見智！不過，教師或家長若能瞭解學生的喜好、能力與特性，因勢利導至「有意義學習」與「有效地學習」，則快樂學習並非難事。

三、如何輕鬆學、快樂學

（一）增強學生的自信心

增強（enrich）學生學習的自信心，不要讓自信心受挫或覺得能力不足，而心情沮喪或信心動搖。

（二）培養自主學習的習慣

自主學習、擁有成就感，才是快樂學習的來源，也是持續學習的原動力！若能妥善、適性地引導學生自主學習，從閱讀、悅讀到越讀，協助學生從學習中獲得「成就感」與「自我效能感」，則能讓學生持續進行與喜歡學習。

（三）進行間隔或分段學習

學習時間的間隔分段，或將學習內容分段，則會產生比較佳的學習效果。

（四）營造溫馨與專業的學習氛圍

教師展現專業，以俯身傾聽、給予成功機會、適當地停頓等，營造一個安全學習的氛圍。

哈洛Harry Harlow

若孩子沒有安全感，沒有穩定的情緒，
則不可能進行快樂的成長與學習！

如何輕鬆學及
快樂學！

1. 增強學生的自信心

2. 培養自主學習的習慣

3. 進行間隔或分段學習

4. 營造溫馨與專業的學習氛圍

Unit **2-15**
慎思熟慮「高 IQ ＝高 EQ」嗎？

一、IQ與EQ之差異

IQ（Intelligence Quotient）與EQ（Emotional Quotient）兩者大不相同，分別代表兩種不同的能力。IQ代表一個人的聰明程度，指個人思考、推理、學習、記憶與解決問題之能力；而EQ則代表社交和情緒的程度，掌握自己情緒、瞭解他人情緒與處理人際問題的能力。

將兩者進行排列組合，則產生四種情況：第一，高IQ高EQ，即學業好，人緣佳；第二，高IQ低EQ，即學業好，人緣差；第三，低IQ高EQ，學業不好，但人緣極佳；第四，低IQ低EQ，即學業和人緣皆不好。因此，兩者分別代表兩種能力，基本上兩者是不同的能力。

二、IQ與EQ何者重要？

廣達前總經理王震華說：「臺灣年輕人不再是『草莓族』而是『蘋果族』，是兼具高IQ和高EQ的一群。」（自由時報，2014）對學生而言，高IQ與高EQ的「蘋果族」皆同等重要！換言之，真正聰明的人，在社交和考試方面，應能兼顧創意、勇氣及堅持的平衡發展。

IQ高低已不足以代表個人成就，高IQ者有較高的職業，但不一定會有比較高的成就；高IQ者雖然成績比較優異，但無法保證能圓融地處理人際關係；此外，高IQ者也不一定與快樂及幸福成正比。

事實上，IQ與EQ並非成正比關係，即高IQ並不代表EQ也高。在考場上獲得高分和懂得與他人相處，關懷他人，互助合作，發揮利他精神，同等重要。

換言之，IQ與EQ並重且不可偏廢，EQ更是IQ發展的重要基石。

三、如何培養高EQ？

在日常生活中，想要「人緣好、又有魅力」，即要擁有「工作捨我其誰，但成功不必在我」、「我為人人，人人為我」（One for all, all for one.）、「犧牲小我，完成大我」的人格精神與態度，實屬非常不易。

通常高IQ者不一定高EQ，而常有「知識的巨人，生活的侏儒」之譏。擁有高EQ的人，屬於非常樂觀進取，不但人際關係好，挫折容忍力也高，自我調適能力亦佳。父母或教師除要注意學生的知識獲得之外，更要重視其人格教育的發展，個人的道德與品格獲得健全之發展，才是所謂「全人教育」之發展。

高EQ的培養，受外在環境的影響頗巨。形塑正向、積極的文化雖然重要，但當事人本身能否擁有某些條件仍是主要關鍵。要培養高EQ，首先要「認識汝身」，即瞭解與接納自己，接著才能發揮「同理心」，進一步能瞭解他人，並設身處地為他人著想。其次，要不斷地「自我激勵」，以提升「自尊心」和「自我價值」，時時保持積極樂觀之態度，當遇到困境時，能在關鍵時刻保持「臨危不亂」的情緒態度，從容不迫的因應與面對，將「危機化為轉機」。最後，應培養「慈悲心」及與他人良好的互動能力，學會處理人與人之間的衝突，且能與他人相互合作。

第 3 章

教育 & 哲學

章節體系架構

　　從古至今，無論東西方的許多教育與哲學家，紛紛提出各種教育的學說，使我們更理解教育的現象及其原理。而要形容教育與哲學之間的關係，莫過於約翰‧杜威曾說：「哲學是教育的普通原理，而教育乃哲學的實驗室」，此即意謂教育目的之決定需要哲學的引導，教育內容的選擇需經哲學之批判，而教育方法的應用則需依據哲學。

　　教育經由哲學邏輯的分析、批判與思辨，讓我們更清楚各種教育現象的理路。本章選擇幾個非常精要、具代表性且意義深遠的學說來介紹之。

Unit 3-1
教育與哲學水乳交融之關係

圖解教育學

056

一、前言

　　教育與哲學之關係為何？其最佳關係寫照，莫過於杜威曾說：「哲學是教育的普通原理，而教育乃哲學的實驗室。」教育置身於社會、政治、經濟、文化等情境脈絡中，同樣這些也提供教育活動的重要場域，而教育不免受到這些外在環境因素之影響；至於哲學則有賴教育的實施，方能驗證其價值與真偽。

　　教育的實施，需依據哲學思維的基本原理原則，以超越或跨越時空的方式，思考教育之目的、本質、內容、方法與價值，以作為教育實施的重要參考。因此，從哲學角度來探討教育，教育並非僅只是知識的灌輸，乃是促成自我「心智覺醒」的歷程。

二、教育問題探索的取向

　　通常在教育問題的探索方面，我們會從「哲學」、「心理學」和「社會學」等三方面，來探究相關的教育現象。「教育心理學」及「教育社會學」等兩者皆強調以「科學實證」的方法，對「教育現象」（或稱為「教育事實」）進行探究，以達到描述、預測、解釋與控制之目的，並確保「理論性」（theoretical）、「實徵性」（empirical）及「客觀性」（objective）的教育研究。

　　然而，此則與哲學強調「直觀思辨」來探討教育的意義、價值與本質，甚至探究非具體的抽象概念，而存有截然不同之處。

　　自古以來，東、西方的先聖先哲皆紛紛對教育提出各種見解與看法。在東方的中國，周公的「制禮作樂」；孔子強調的「有教無類」、「因材施教」、「中庸之道」；老子的「無為而治」；孟子主張「性善論」；荀子提出「性惡論」；墨子的「兼愛與非攻」；漢朝董仲舒提出「獨尊儒術」；宋朝朱熹的「格物致知」和王陽明的「知行合一」等。

　　在西方，希臘蘇格拉底（Socrates）強調「知即德」；柏拉圖（Plato）的「理想國」；亞里斯多德（Aristotle）的「蠟塊說」；法國的笛卡兒（Descartes）提出「方法論」；洛克（Locke）強調「經驗主義」；法國盧梭（Rousseau）《愛彌兒》（Emile）的「自然主義」；德意志帝國的菲希特（Fichte）之「理想主義」和「民族精神教育」；裴斯塔洛齊（Pestalozzi）的「平民教育」；福祿貝爾（Froebel）的「恩物」教學；英國斯賓塞（Spencer）的「生活預備說」；杜威（Dewey）的「實用主義」等教育哲學思想。

三、小結

　　康德（Kant）曾說：「無哲學的教育是盲的，無教育的哲學是空的。」教育乃學生行為養成之歷程，教育亦是實現「哲學理想」和「人生夢想」的最有效方法。當教師面臨教育難題時，若擁有哲學的思維、分析與批判之素養，即能有正確合理的判斷與思考引導解決的方向。

哲學是教育的普通原理，
而教育乃哲學的實驗。

杜威(Dewey)

探索教育問題的三個取向

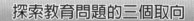

| 教育哲學
直觀思辨 | 教育心理學
科學實證 | 教育社會學
科學實證 |

無哲學的教育是盲的，
無教育的哲學是空的！

康德(Kant)

Unit 3-2
周公、孔子、老子的教育哲學思想

一、前言

　　我國古代自周公、老子、孔子以來的二、三千年間，學術思想蔚為一股巨流。他們博大精深的思想，呈現不同多元的風貌，對我們的政治、社會、教育、人生觀、生活方式等各方面，具有極大的啟示和引導作用。其次，由於歷代的思想家不斷地創新和發明，而使我國的文化能歷久彌新，並且對全球化的文明發展產生深遠之影響。

二、周公的「制禮作樂」思想

　　周公姓姬名旦，乃周文王之第四子，為周武王的同母弟弟，因輔佐武王伐紂有功而采邑封在周（即今陝西省岐山縣），故尊稱周公。

　　周公「制禮作樂」，建立「宗法制」、「分封制」、「嫡長子繼承制」、「法制」、「井田制」、「籍田大禮制」、「同姓不婚制」、「畿服制」等完善、有效、可行的政治制度，強化人民的社會行為規範和道德要求，建立良好社會秩序，讓中國古代西周社會得以穩定和諧的發展，奠定西周數百年的統治基業。

　　周公雖然並無明確的教育思想論述，但從上述所建立的禮樂制度得知，建立合宜適當的教育制度，對教育穩定及和諧的發展，具有很高的啟示性。

三、孔子的「有教無類」思想

　　孔子姓孔，名丘，字仲尼，魯國陬邑人。出生於公元前551年（約周靈王21年，魯襄公22年），逝於公元前479年（約周敬王40年，魯哀公16年）。孔子是中國古代儒家及私學的創始人，樹立教育典範，被尊稱為「萬世師表」，不但是我國最偉大的教育思想家，也是世界公認的古代最偉大教育家之一，素有「東方蘇格拉底」之稱。

　　孔子主張教育對社會發展具有非常重要的功能，乃立國治國的三大要素之一。孔子改編《詩》、《書》、《禮》、《樂》、《易》、《春秋》等「六書」，作為文化知識的基本教材；以「禮」、「樂」、「射」、「御」、「書」、「數」等「六藝」，以培養技能與技術；並強調「有教無類」、「因材施教」、「不憤不啟」、「不悱不發」、「知行合一」、「學不厭與教不倦」等教育理念，對現今的教育也頗具影響。

四、老子的「大智若愚」思想

　　老子幾乎與孔子同時代，其著述僅有《道德經》一書，寥寥五千字，卻能融會貫通萬物之理。老子主張「絕聖棄智，盜賊無有」、「絕仁棄義，民復孝慈」、「無為而治」、「上善若水」、「以百姓為心」、「大智若愚」等。

　　在教育上的「無為而治」之作為，即應在教育方法或手段上，展現無所不為；其次，教育的「上善若水」，即應教導學生，當與同儕有所爭執時，退步原來是向前的與世無爭之胸襟；第三，教育的「以百姓為心」，即教師在教學上應秉持「學生中心」思想，擁有「學生至上」的思維，才能不放棄每位學生；最後，教育的「大智若愚」，乃應積極引導學生實踐謙卑的美德。

制禮作樂

宗法制	籍田大禮制	同姓不婚制
分封制	井田制	畿服制
嫡長子繼承制	法制	

周公

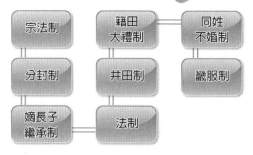

有教無類

六書：《詩》、《書》、《禮》、《樂》、《易》、《春秋》

六藝：「禮」、「樂」、「射」、「御」、「書」、「數」

因材施教、不憤不啟、不悱不發

知行合一、學不厭與教不倦

孔子

大智若愚

絕聖棄智，盜賊無有

絕仁棄義，民復孝慈

無為而治、上善若水

以百姓為心

老子

Unit 3-3
孟子、荀子和墨子的教育哲學思想

一、孟子的「性善說」思想

孟子出生於戰國時代的山東鄒城，是我國古代的偉大教育思想家之一，曾受業於子思（孔子之孫）之門人，承繼孔子思想，素有「亞聖」之稱。孟子曾效法孔子，帶著門徒遊說各國推行仁政，但不被當時各國所接受，未能實現其理想。

孟母為教育孟子成為一位博學有用之人，非常用心，從「孟母三遷」、「斷機教子」的故事，即可知「家庭教育」與「環境教育」具有「潛移默化」的影響；其中，「斷機教子」更比喻學習若要博學，則要具有「恆心與耐心」，不能受外在環境影響，半途而廢。

孟子認為「人性本善」，主張「性善論」，即「仁、義、禮、智」等深植於人之內心，非假外鑠；強調「惻隱之心、羞惡之心、辭讓之心、是非之心」等善性的四端，因此，道德的自覺與內省乃教育思想的重心。孟子亦認為要做一位大丈夫，即應秉持「富貴不能淫，貧賤不能移，威武不能屈」的高尚情操。

此外，孟子曾說：「盡信書，不如無書」，即指出做學問要「慎思明辨」及「懷疑精神」的重要性，不可過於武斷。

二、荀子的「性惡論」思想

荀子生於戰國時代的晚期，當時社會非常混亂，「以下犯上」、「悖理犯義」、「人倫蕩然」層出不窮。荀子主張「性惡論」，強調教育具有「化性起偽」之功能，才能使人為善。

荀子曾說：「青，取之於藍，而青於藍」，即比喻任何人只要肯學習，不論資質好壞，皆可達到超凡入聖之境界。

此外，荀子也曾說：「蓬生麻中，不扶而直；白沙在涅，與之俱黑」，即比喻環境具有「近朱者赤，近墨者黑」之道理。

總之，孟子的「性善論」與荀子的「性惡論」雖然對人性的看法不同，但殊途同歸，其目的皆是教人從善，使人達到理想的道德境界，究其根本，皆傳承儒家精神。

三、墨子的「兼愛非攻」思想

墨子名翟，出身微賤，精於工藝技術，曾經接受與學習儒學之術，但以後卻另立門戶，創立墨家學派。

墨子在教育上主張「兼愛」、「非攻」，非常重視「道德教育」的養成和「科學技術及知識」的教育，強調「邏輯思維」、「實用技術」、「文史知識」等之學習的重要性。墨子也曾提出「染絲說」，指出「染於蒼則蒼，染於黃則黃，所入者變，其色亦變」，旨在說明學生處在什麼環境下，即會造就出什麼樣的人。

此外，墨家主張「消除社會階級」、「重視社會實踐」、「追求實用性」等，與儒家的「維護社會階級秩序」、「重視道德教化」、「強化禮教」等觀念，存在著截然不同之處。

性善說

「仁、義、禮、智」深植人心，非假外鑠

四心：惻隱、羞惡、辭讓、是非

富貴不能淫，貧賤不能移，威武不能屈

孟子

性惡論

教育具有「化性起偽」之功能

青，取之於藍，而青於藍

蓬生麻中，不扶而直

近朱者赤，近墨者黑

荀子

兼愛非攻

染絲說：染於蒼則蒼，染於黃則黃

消除社會階級

重視社會實踐

追求實用性

墨子

Unit 3-4
董仲舒、朱熹和王陽明的教育哲學思想

一、董仲舒的「獨尊儒術」思想

從中國歷史發展而言,孔子、董仲舒、朱熹乃中國古代三大儒學的思想家。孔子乃儒學的創始人,董仲舒是經學大師（經學乃漢代的儒學）,朱熹則是理學大師（理學乃宋明時代的儒學）。

董仲舒乃西漢的思想家與教育家,其綜合法家、道家、陰陽家而成的新儒學思想,向漢武帝劉徹提議「獨尊儒術」、「罷黜百家」、「表彰六經」、「前德後刑」等儒家之重要主張,均為漢武帝所採納,使儒學成為華人的文化、政治、社會基礎,其影響長達兩千多年。

董仲舒為何對儒家思想有過度偏好和極大化的現象呢?主要在於其認為秦朝過度奉行「嚴刑峻罰」為金科玉律,而導致加速滅亡;又認為周朝能子孫相傳五、六百年而沒有衰敗,乃實施德政之故。因此,教育的實施不可如秦朝政治的「過與不及」之現象,教師對學生的教學,應適度鬆綁、允執厥中,採動態平衡的中庸之道,才能發揮更佳的教育效果。

董仲舒在《春秋繁露》中說:「聖人之性,不可以名性;斗筲之性,不可以名性;名性者,中民之性。」其主張「性三品」之說,即將人性分為上、中、下等三品,唯有斗筲之人,屬愚昧的惡者而不能接受教育。此外,清初著名思想家顏習齋曾修正董仲舒的主張,說:「正其誼,以謀其利;明其道,而計其功。」而此則與謝富樂（I. Scheffler）的四大教育概念中「任務—成效」的概念相符。

二、朱熹的「格物致知」思想

南宋的理學家朱熹承襲儒家思想,並發展程顥、程頤等人的思想,集理學之大成,建立「客觀唯心論世界觀」的思想體系。他認為「理」（如道德、真理、規律或精神）、「氣」（物質）不相離,但「理在先,氣在後」,「理」乃物質世界的基礎和根源。

朱熹強調「人性本善」,主張教育之目的即在「修己善群」,以「存天理,去人欲」,人要超越禽獸必須經由道德教育,經由他律過程而達自律和自我約束。朱熹也發揚《大學》中的「格物、致知、誠意、正心、修身、齊家、治國、平天下」的思想,而提出的「格物致知」的思想。

三、王陽明的「知行合一」思想

王陽明乃明代中期的思想家、軍事家和教育家,其理學思想繼承南宋理學家陸九淵的「心學」主張,並加以發展而提出「心即理」、「致良知」、「知行合一」等,建立屬於有別於朱熹的「主觀唯心論世界觀」的思想體系。

王陽明的「心即理」,認為「理」存在每個人的心中,而非萬物之中;「致良知」即主張人應透過教育的歷程,以發現其良知與良能;而其「知行合一」即認為「知」即「行」的過程,行的開始即知的表現,知與行不能分開。由此可知,王陽明也非常強調與肯定教育所具有的價值和功能。

1.主張
(1)獨尊儒術；（2）罷黜百家；
(3)表彰六經；（4）前德後刑；
(5)性三品。
2.名言
(1)正其誼，以謀其利；明其道，而計其功。
(2)聖人之性，不可以名性；斗筲之性，不可以名性；名性者，中民之性。

董仲舒

朱熹

1.主張
(1)格物致知
(2)人性本善
(3)建立「客觀唯心論世界觀」的思想體系
2.名言
(1)存天理，去人欲。
(2)理在先，氣在後。

063

1.主張
(1)心即理
(2)致良知
(3)知行合一
2.名言
(1)「知」即「行」的過程，行的開始即知的表現，知與行不能分開。
(2)強調與肯定教育所具有的價值與功能。

王陽明

Unit **3-5**
Socrates 和 Plato 的教育哲學思想

一、前言

　　在兩千多年前希臘哲學極盛的時代，素有「希臘三哲」之稱的蘇格拉底（Socrates）、柏拉圖（Plato）和亞里斯多德（Aristotle）等三人，在西洋文化、哲學的思想體系，孕育今日西方文明的搖籃，作了最重要的鋪路工作。

　　希臘三哲的思想體系，相當具有理性及學術基礎，他們按部就班地從知識論開始，進行理性的分析、詮釋和綜合，而推論出「形上學」的原理原則，並將其具體實踐至生活和政治社會中。

　　他們所創造的觀念，不但啓迪了西方人文、自然、藝術等各領域的發展，也塑造出後代對於「理想人」應具備的能力、素養之典範，實乃人類精神文明的奠基者。

二、Socrates的「知即德」思想

　　素有「西方孔子」之稱的Socrates（469-399B.C.），最先反省了人類知識的可能性，其對於知識真理之追求，一生秉持著「求知若渴，寧死不屈」的精神。其教育思想主張包括：

（一）「認識自己」

　　即強調「自我省察」的哲學，運用理性內省思維，發現原本便存於內心的善與正義等美德的真諦；主張人必須發現自己的「有知」與「無知」，才能真正地認識自己；特別是自認無知，乃積極喜愛智慧的源頭活水。

（二）「知即德」

　　強調「知」本身即是「善」（德），智慧（wisdom）統攝諸德，知善者必能行善，知善而行善乃善上加善。其次，「知即德」之另一涵義，即行為應以知識為基礎，才是真正的善行，才能知行合一；知其不可行而為之，屬於「有勇無謀（知）」，則非常不足取。

三、Plato的「洞穴說」思想

　　Plato（427-347 B.C.）在探討人類知識的產生方面，曾提出非常有名的「洞穴說」之主張，其係指人類心靈認識的有限性之普遍狀態，如同人的靈魂受限於身體束縛，以至於受到各式的蒙蔽。換言之，在教育實施的過程，應減少或降低外在形式或實體的限制，以免使知識探索受到限制或蒙蔽。

　　其次，Plato認為教育即為「存理去情」的過程，在於培育「治者」（ruler）或「哲人王」（philosopher-king）。教育之目的在於培養德行，使學生成為善良公民，不但能精於治人，也習於治於人。其在所著的《理想國》（Republic）（或譯《共和國》）一書中，強調「英才教育」與「專才教育」的重要性，希望經由公平的考選制度，以層層淘汰的教育過程，依據社會的實際需要，培養不同的人才，以達到選賢與能的程度。

　　基本上，Plato的「治者」或「哲人王」的教育，是屬於功能主義的教育，從現代的「教育機會均等」理念而言，是否有違背教育機會的均等與公平性呢？非常值得探究之！

1. 認識自己（know yourself）：人必須發現自己的「有知」與「無知」，才能真正地認識自己。
2. 知即德（knowledge is virtue）：知善者必能行善，知善而行善乃善上加善。

蘇格拉底

洞穴說

教育即為「存理去情」的過程，在於培育「治者」（ruler）或「哲人王」（philosopher-king）。

柏拉圖

Unit 3-6
Aristotle 和 Descartes 的教育哲學思想

一、Aristotle的「蠟塊說」思想

Aristotle（384-322 B.C.）對於教育知識真理的追尋相當執著，可說是前無古人，後無來者。Aristotle曾說：「吾愛吾師，吾更愛真理！」即強調對知識真理探究的獨立思考和見解之重要性。此即意謂教師在教學上，應秉持尊重及包容學生所擁有不同的想法與看法。

Aristotle認為人是理性的動物，因而常教導人們藉由正確的邏輯推論以發現什麼是真理。其也曾提出「蠟塊說」，即將人的「心靈」比喻成「蠟塊」，把外界的事物比作「金指環」，心靈雖有認識或感知外界之能力，但只感知所留下的印記卻未能真正感知金指環的存在，因此，人的感覺和思維皆只在對外部的事物產生作用下才會發生。

其次，Aristotle之教育觀屬於「主智主義」，其非常強調「智力」教育的重要性。他認為「博雅教育」（liberal education）乃「人之所以為人」的教育，從主智主義教育觀而言，乃培養人類理性的最重要之教育方式，可具體提升心靈層次活動的教育，具有相當高的價值；然而，從負面而言，卻可能隱含著或存在階級意識型態之教育成分。

此外，Aristotle也非常重視學生的「品德教育」，強調實踐理性道德，培養道德習性，應先道德後知識的理解；且唯有秉持「中庸」的精神，才是最合乎道德的規範與表現，而此則與孔子所主張的「中庸之道」不謀而合。

二、Descartes的「懷疑」思想

笛卡兒（Descartes, 1596-1650）是法國著名的數學家、教育家、物理學家、哲學家和自然科學家，是「解析幾何」數學理論的創始者，以及近代西方「二元論」（即宇宙係由兩種獨立及不可缺少的元素所組成）和「唯心主義」（即世界或現實皆如精神或意識般的根本存在）理論著名的代表人物。

Descartes對於知識的探索，極力主張「普遍懷疑」的精神與態度，此則為西方的現代哲學奠立深厚之基礎。他也曾說：「我思，故我在！」（I think, therefore I am.）即認為感官所見之事物並不一定為真，因此對任何事物皆應抱持「懷疑」的精神與態度，唯有經過徹底的懷疑與思辨，並無有任何疑惑產生之後，知識或經驗才是真的。換言之，教育即應引導學生對學習內容進行懷疑、批判及主動積極思考，才不致流於「灌輸」、「填鴨」或「囤積式」（banking）的意識型態之教育。

此外，Descartes也認為人類的「理性思維」應比「感官經驗」更可靠，其於1637年提出「方法論」，即強調對於知識的探索，應使用數學理性邏輯的「推理—演繹」方法，來進行哲學思考，並加以分析、比較、整合與批判。

因此，教師應引導學生秉持「普遍懷疑」的精神與態度，並適時運用數學理性邏輯的「推理—演繹」方法，才能使學生獲得真正的知識與能力。

亞里斯多德

1. 吾愛吾師，吾更愛真理！
2. 教師在教學上，應秉持尊重及包容學生所擁有不同的想法與看法。
3. 將人的「心靈」比喻成「蠟塊」，把外界的事物比作「金指環」。

蠟塊說

物

心

1. 我思，故我在！
2. 主張心物二元論。
3. 「解析幾何」數學理論的創始者，及近代西方「二元論」和「唯心主義」理論著名的代表人物。

笛卡兒

Unit 3-7
Locke 和 Rousseau 的教育哲學思想

一、Locke的「經驗主義」思想

洛克（John Locke, 1632-1704）乃十七世紀的英國「唯物主義」哲學家及「經驗主義」代表人物；其承繼Aristotle的「蠟塊說」，強調「經驗主義」，反對Descartes的「理性主義」，主張一切知識皆來自經驗，心靈具有求知的主動作用，而經驗即思想、知識或觀念的主要來源。

Locke拋棄Descartes等人的「天賦觀念說」，提出「白板說」（tabula rasa theory），主張人剛出生時，心靈猶如白紙或白板（其拉丁文為tabula rasa，指潔白無瑕之意），對外界事物均無任何印象，一切的思想、知識和觀念，皆透過感官及與外在環境互動所留下的痕跡或經驗。換言之，Locke的白板說，認為孩子有如一塊白板，其所獲得的知識經驗皆受外在環境之影響，等於直接否定先天遺傳作用。

Locke的「白板說」，認為外在環境對個體的經驗或觀念具有重要的影響，沒有先天觀的存在，屬於典型的「外鑠論」，亦屬於「心靈狀態說」的分支。其將個體的經驗或觀念，分成包括「感覺」（sensation）和「反思」（reflection）等兩類，感覺源自感官感受外在的世界，反思則來自心靈本身的覺察。因此，一切知識皆來自經驗，不是直接透過感覺就是反思而來（周業謙、周光淦譯，2005）；然而，此則迥異於Descartes所強調的理性主義之思想。

二、Rousseau的「自然主義」思想

盧梭（Jean-Jacques Rousseau, 1712-1778）乃十八世紀法國的思想家、文學家、哲學家和教育家，其崇尚自然主義，主張自由平等，對於東、西方後代的民主政治及教育思想，具有非常重要的啟蒙及啟示。

Rousseau提倡「自然主義」，強調以兒童為本位（在當時被視為「哥白尼式」的教育革命），其在《愛彌兒》（Emile）一書中曾說：「人性皆善，但經人手而變惡。」其相信人性本善，主張「返回自然」，提倡寬容理性。雖與Plato皆屬論述「理想國」的原則，但其理論思想卻完全植基於「自由」（或自由意志）的基礎之上。

Rousseau認為教育乃啟蒙人民的最有效方式，教育即是「人性化」教育，使人成為真正的自然人；其在教育上主張應打破「形式主義」，深入瞭解兒童的「個別差異」，進行「因材施教」，並充分尊重兒童為一個完全獨立自主之個體，才能使其充分自然地發展。兒童非成人的縮影，教育應去除形式主義，回歸自然，回歸本性，重視內在思考培養，以呈現兒童真實的自我。

Rousseau於1762年出版的《民約論》（Contract Social）中，提出「人生而自由平等，但卻無處不在枷鎖之中。」換言之，其極力主張「人民」才是「國家」的主人，政府的權力來自人民的認可，對民主政治思想發展影響頗深。

白板說

1. 主張「經驗主義」，反對 Descartes的「理性主義」。
2. 提出「白板說」，屬「外鑠論」及「心靈狀態說」的分支。
3. 一切知識皆來自經驗，心靈具有求知的主動作用。

洛克

1. 崇尚「自然主義」，主張「自由平等」，強調以「兒童為本位」。
2. 《愛彌兒》（Emile）一書中曾說：「人性皆善，但經人手而變惡。」
3. 《民約論》（Contract Social）中提出「人生而自由平等，但卻無處不在枷鎖之中。」

盧梭

Unit **3-8**
Fichte 和 Pestalozzi 的教育哲學思想

一、Fichte的「愛國教育」思想

菲希特（Johann Gottlieb Fichte, 1762-1814）是德國非常出色的哲學家，曾任柏林大學校長，為康德（Kant）的弟子之一，其提出「自我意識」的概念，作為認識一切知識和經驗的依據，而使大家重新認識其地位之重要性。此外，他也是「理想主義」、「浪漫主義」及「唯心主義」等哲學思想主要的奠基者。

Fichte主張要建立嚴密的哲學思想系統，應從Descartes的「第一原理」出發，依照物體內在的必然性，進行嚴格的邏輯推理，而非如Kant將物體的表象與物體分離，而導致懷疑主義的產生。

Fichte亦涉及政治活動與思想，受到瑞士教育家Pestalozzi的影響，認為教育可以作為達到政治目的之手段，即教育可以培育效忠國家的國民。其於1806年第一次普法戰爭後，德國受到挫敗，認為應從教育著手，才能振興德意志民族；他到處至德意志各邦演說，激起德國人民精神主義的「愛國思想」，最後並將其演說內容編纂成《告德意志國民書》，因而被某些人公認為是德國的「國家主義之父」。

Fichte於《告德意志國民書》中指出：「凡真正的德國人，唯有將自己當作是德國人，才能活下去。要挽救德國人，唯有教育。」此即是西方「國民教育」發展的最早起源，足見國民教育與政治發展仍具有非常密切的關係。

二、Pestalozzi的教育思想

瑞士的教育家裴斯塔洛齊（Johann Heinrich Pestalozzi, 1746-1827）具有無比的教育熱忱，積極提倡與實踐「自然主義—平民教育」，被稱為「小學教育之父」、「國民教育之父」或「平民教育之父」等。

Pestalozzi相信Locke的經驗主義及Rousseau的自然主義思想，強調教育在增進個人內在能力的發展，視「教師如園丁，學生如花木」，重視「直觀」（intuition）教學，提倡以「直觀實物教學」的方式進行教學活動，讓「心、頭、手」等三者和諧及全面的發展，以達「完人教育」之目的。

Pestalozzi的直觀教學方式，係鼓勵兒童充分運用感官，注重鄉土教材，教師應帶學生以直接行動方式，到大自然進行直接的接觸體驗，並觀察各種植物、山川溪流，其中間並不假任何媒介。

Pestalozzi也發現自然知識中有三種最基本的元素，即數（number）、形（form）及語（language），而此即「數字能力」（numerical ability）、「空間能力」（spatial ability）、「語言能力」（verbal ability）的來源。

Pestalozzi在教育上非常強調「教育愛」的展現，尤其對於貧民、低成就者、身心障礙者的兒童更是非常需要。教師唯有透過教育愛，始能讓兒童感受到溫暖與關懷，才可能積極提升兒童的自我價值感。

1. 乃「理想主義」、「浪漫主義」及「唯心主義」等哲學思想主要的奠基者。
2. 提倡「愛國思想」並將其演說內容編纂成《告德意志國民書》，被公認為德國的「國家主義之父」。
3. 為Kant（康德）弟子之一，曾提出「自我意識」概念。

菲希特

1. 提倡「平民教育」，被尊稱為「平民教育之父」。
2. 視「教師如園丁，學生如花木！」

裴斯塔洛齊

完人教育

頭

心　手

自然知識的三元素

數字　　空間　　語言

Unit 3-9
Froebel 和 Spencer 的教育哲學思想

一、Froebe的「恩物」教育思想

福祿貝爾（Friedrich Wilhelm Froebel, 1782-1852）素有「幼教之父」、「教育之友」之稱，主張「心理開展說」，認為教育之目的在於開展人的「潛能」（potential），因此為培養幼兒的創造潛能，應設計出許多具有發展性和理想的玩具，而其將這些玩具稱之為「恩物」（gifts），意即「神所恩賜的禮物」。

大致而言，Froebel所說的「恩物」，共有二十種，前十種稱為「遊戲恩物」，其功能在於引導兒童發現遊戲的概念或思維，係由「體→面→線→點」構成為主，即由「具體→抽象」的過程；至於後十種則是「手工恩物」，又稱為「綜合性恩物」，其目的係讓幼兒藉著遊戲或操作的過程，啟發自我的創造力。

Froebel認為並非所有的遊戲皆具有其教育價值，兒童的遊戲若要有教育價值，則不可漫無目的，必須對遊戲材料加以確定及妥善指導，方能使兒童所進行的遊戲活動及遊戲活動中表現的情感，皆能有秩序、層次，並合乎中節。

Froebel認為：「教育之道無他，唯愛與榜樣而已。」教育並不需要任何大道理，父母或教師只要能付出愛與關懷，並能做孩子的模範即可。至於其教育方法的特色，則包括「尊重兒童自由」，讓兒童自動自發的活動；「重視遊戲的價值」，讓兒童從遊戲中發展神性；「使用恩物」，藉以瞭解及認識自然等。

二、Spencer的「生活預備說」教育思想

英國的社會學家、教育學家史賓塞（Hebert Spencer, 1820-1903）是對社會學有極大貢獻的學者，他將「社會學之父」孔德（Comte）所提出的「社會學」概念大力推展，並將達爾文的進化論「適者生存」理論，應用到社會學，使得社會學逐漸受到各國的重視，因而被尊稱為「社會達爾文主義之父」。

Spencer的教育論顯現濃厚的「個人主義」色彩，他將教育分成「智育」（包括記憶、推理、思考等）、「德育」（求善）和「體育」。在教育上提倡「生活預備說」，主張教育目的在預備將來完美生活（complete living），亦即使兒童擁有具備未來完美生活的能力。而實施「身體的保健」、「謀生的職業」、「做父母的準備」、「公民道德」、「休閒育樂」等活動，將來則能擁有完美的生活。因此，若依Spencer的「生活預備說」理論，則國中小的七大領域中「健康與體育」，即是屬有價值課程，可作為預備未來「完美生活」，才是我們應該知道及教育所應傳授的。

Spencer的道德論，其贊成Rousseau的「自然懲罰說」，屬於「快樂主義」（Hedonism）的一種，他認為行為目的在「求善」，行為結果的價值乃建立個人苦樂之感覺，因此，愈能引起個人快樂的，則愈具行為之價值。

教育方法之特色

尊重兒童自由 | 重視遊戲價值 | 使用恩物

福祿貝爾

1. 教育之道無他，為愛與榜樣而已！
2. Froebel所說的「恩物」，共有20種，前10種稱為「遊戲恩物」；後10種則是「手工恩物」，又稱為「綜合性恩物」。

1. 提倡「生活預備說」，被尊稱為「社會達爾文主義之父」。
2. 主張實施「身體的保健」、「謀生的職業」、「做父母的準備」、「公民道德」、「休閒育樂」等活動，則將來能擁有完美的生活。

史賓塞

智 ＋ 德 ＋ 體 ＝ 教育

↑ | ↑ | ↑

記憶推理 | 求善快樂 | 健康與體育

Unit 3-10
Dewey 的教育哲學思想

一、Dewey的教育哲學思想

近代美國的教育學家、心理學家和哲學家杜威（John Dewey,1859-1952）與皮爾士（C. S. Peirce）、詹姆士（W. James）等，被公認為美國「實用主義」（Pragmatism）哲學的重要代表人物，也被尊稱為「進步主義之父」，他曾將Rousseau的教育思想，譽為「教育史上的哥白尼」。

Dewey認為教育具有傳遞社會文化功能，社會之進步亦需靠教育始能完成。其所提出的「實用主義」思想，乃介於「理性主義」和「經驗主義」之間，「既唯物，亦唯心」，強調知識乃控制現實的工具，而現實卻非無法改變的。

Dewey曾說「教育即生活」，即好的教育目的，應是兒童生活中所能領會的「視野中之目的」（end-in-view）；其「教育無目的論」之教育思想觀，主張教育歷程本身即無目的，其自身就是目的。此外，他更認為教育兒童，應非僅只為成人未來生活預作準備，教育與生活應密切配合並產生關聯；然而，此則迥異於Spencer以「成人本位」思想為主的「生活預備說」。

Dewey相信一切教育來自於「經驗」（experience），其經驗哲學認為「教育即生長」，教育即經驗不斷改造與重組的歷程。他主張讓學生在經驗的環境中「從做中學」（learning by doing），並經由學生的主動反省思考過程，以領悟事務之間的關聯性，則學習方能達成。

Dewey的經驗哲學強調「實踐行動」優先於「理論教條」，「實際經驗」優於僵化的「原理原則」，而其最主要精神在於引導學生親身「實踐」，透過獨立思考過程，以獲得完整的知識概念，而達到「知行合一」的理想教育目標。

二、Dewey的道德思想

Dewey認為道德包括「知識」、「感情」和「能力」等三要素。知識則具有「實用性」、「行動性」與「創造性」三種特質；而經驗則具有「連續性」和「交互作用」等特性。

至於其道德哲學的特色，包括「以科學方法應用於道德行為的判斷」、「以心理學與社會學應用於道德行為條件之分析」、「以連續哲學觀點來調和道德哲學各派別的對立」、「以生物學進化論建立其無固定道德價值論」。

三、Dewey教育哲學思想的批判

曾任美國芝加哥大學校長的赫欽斯（R. M. Hutchins）極力主張「博雅教育」（liberal education），他曾批評Dewey的「教育即生活」之主張，容易流於「反智主義」及「職業主義」；而Dewey也反駁Hutchins的思想具有濃厚的「權威主義」思想。不過，Dewey和Hutchins皆強調知識在民主教育價值的重要性。

此外，Dewey曾對Spencer的「生活預備說」提出批判，若學生的學習是為了將來美好生活，則容易使學生失去主動學習的興趣與動機。

杜威(實用主義者)

詹姆士 & 皮爾士(實用主義者)

1.主張「實用主義」思想,乃介於「理性主義」和「經驗主義」之間,「既唯物,亦唯心」。

2.曾說「教育即生活」,即教育應能使兒童領會「視野中之目的」(end-in-view)。

3.經驗哲學認為「教育即生長」,教育即經驗不斷改造與重組的歷程。

4.主張「從做中學」(Learning by doing),經由學生的主動反省思考過程,以領悟事務之間的關聯性。

赫欽斯

1.極力主張「博雅教育」(liberal education)。

2.曾批評Dewey的「教育即生活」之主張,容易流於「反智主義」及「職業主義」。

第 **4** 章

教育 & 心理

●●●●●●●●●●●●●●●●●●●●●●●● 章節體系架構 ▼

●●●●●●●●●●●●●●●●●●●●●●●●●●●●●●●●●●●●●●●

　　教育與心理具有非比尋常的深厚關係，教育實施的對象是學生，學生在每個階段的身心發展皆有很大的差異，透過教育心理學的理論基礎，讓教師掌握教學與學習的心理，不但達到「事半而功倍」之效果，更能清楚地知道「教學要走向何處」，甚至「要將學生帶到哪裡」。本章選擇幾個非常具代表性的心理學家及理論，以深入淺出方式來說明教育與心理之間的重要關係。

Unit 4-1
教育心理學的性質

一、教育心理學是什麼？

　　教育心理學是一門介於「教育科學」和「心理科學」之間的邊緣學科，即以心理科學的角度，研究教育和教學過程中，教育者和受教者的心理活動現象，及其產生和變化規律的心理學分支。

　　朱敬先（2011）指出，教育心理學成為一門獨立的實驗科學，首應歸功於美國心理學家（動物心理學的開創者、心理學聯結主義的建立者）桑代克（Edward Lee Thorndike, 1874-1949）於1903年出版《教育心理學》一書，以學校情境詳盡說明學習的概念，乃近代教育心理學開端者。

　　教育心理學在十九世紀末才成為一門獨立的學科，但歷史上許多教育家已能夠在教育實踐中，自覺地根據人的心理狀態，而有針對性地進行教學。我國古代至聖先師孔子即提出「有教無類」、「因材施教」的教學方法，及古希臘的蘇格拉底也提出「我並非給人知識，乃是使知識自己產生的產婆」之非常著名的「產婆術」，即早期的教育心理學思想。

二、教育心理學的發展與定位

　　早期認為教育心理學是心理學的一個分支，只是簡單地將心理學知識應用於教室內的教學活動，主要研究教室活動與學校生活。

　　1950年代以前，乃教育心理學對心理學過度依賴的時期，主要理論皆係移植於心理學。但後來卻發現心理學的動物實驗不能直接應用於教育情境，因人與動物是不一樣的！

　　然而，目前一般皆同意教育心理學旨在研究師生交互作用的教學歷程，並不斷改進與發展此項歷程，以增進「教」「學」之效能，並建立系統的理論體系。

　　未來在教育心理學上，我們應思考及關注的問題，包括：「我們能一直攀附與借用西方的學術成果嗎？」「如何促進教育心理學研究之本土化發展？」

三、教育心理學在教學之應用
（一）彰顯教學的專業性

　　通常專業的教師面對教室問題時，會運用一系列「問題解決」步驟進行思考，盡可能將教育心理學的專業知識「擴散應用」，而不只思考心中最先想到的解決方法而已。

　　教育心理學能協助專業教師掌握教育心理的理論，發揮「專業知識」、「批判思考」的素養與能力，比較能掌握教育情境與問題，無須太多思考，即能洞察先機、擊中要害、對症下藥。

（二）彰顯教學的科學與藝術特性

　　長久以來，教學是科學或是藝術之問題，一直爭論不休。如美國的Smith（1992）即曾提出：「教學是科學還是藝術？」之問題。

　　透過教育心理學的科學特性，追求具有實用目的之真理知識，教學並依循科學法則建構，以達成預測、控制與解釋之目的。此外，教師在教學過程中融合藝術技巧，則可陶冶學生性情，喚起學生的藝術美感。

教育學 ➡ 教育心理 ⬅ 心理學

教育心理學是一門介於「教育科學」和「心理科學」之間的邊緣學科

教育心理學的發展與定位

教育心理學是心理學的一個分支

1950年代以前，乃教育心理學對心理學過度依賴的時期

目前在研究師生交互作用的教學歷程，並建立系統的理論體系

未來應思考我們能一直借用西方的學術成果嗎？以及如何促進教育心理學研究之本土化發展？

Unit **4-2**
教育心理學的研究新取向

一、何謂教育心理學研究？

教育心理學研究，乃研究人在教育過程中的心理現象及其發展變化規律的科學。主要的研究對象包括「學習者」、「教師」，以及在家庭、學校、社會等教育過程中的「學習歷程」、「教學歷程」等心理現象及其規律皆屬之，而「學校行政」則不包括之。

換言之，教育心理學即探討在有關的教育情境下，關於教師的教學、學生的學習、教育的干預、教學互動、學校組織等情況或效果為何，並將其所獲得的理論應用在教育上，以解決教育上所面臨的各項困難和挑戰。

二、教育心理學的研究新取向

教育心理學的研究新取向包括「教育化」、「全人化」、「本土化」等（張春興，1996），將其分別說明如下：

（一）以「教育化」為目的

教育的對象是人，其目的重在人性的啟導，因而「教人」比「教書」還要重要；並兼顧「有教無類」與「因材施教」，以充分發揮學生潛能。

（二）以「全人化」為其對象

因應未來時代的變遷與發展，現代教育心理學應以「全人教育」為主要之目的，始能讓學生的知（理解）、行（應用）、情（喜好）、意（主動）的發展並重。

全人教育即以學生整個人為教育的對象，在人格發展觀方面，應先兼顧馬斯洛（A. Maslow）的需求層次論中之基礎需求後，才能促成學生未來自我實現需求的滿足。

而在全人教育的社會多元觀方面，教師應強調教學多元化，不應只是注重成績與升學而已。

（三）以「本土化」為研究題材

因應本土化的需要，深入探究有關「順教育」、「缺教育」、「反教育」等三種家庭類型的特性，進行深入探究。此外，成功的教育則應有賴「教學與輔導」、「學校與家庭」的結合和相互合作。

三、教育心理學的研究倫理

研究倫理即檢視教育心理實驗中，研究者對受試者「是否有某些欺騙之行為？」「相關資料是否能夠保密？」「是否告知可能蒙受的生理或心理痛苦？」等等。

當進行研究時，堅持及謹守研究倫理規範之目的，在於思考及兼顧研究目標與手段之間的合理性，即任何研究「不能為達目的而不擇手段」。任何教育心理研究的矇騙，其可能會使受試者或一般大眾認為「心理學家都是說謊者！」「造成人們之間互相不信任！」「使受試者感到悲傷或產生負面的情緒！」。

因此，當進行心理研究時，研究者應遵守的倫理規範包含是否欺騙，並應有「誠實告知」受試者之義務，包括「告知實驗要求或實驗任務」（如同警察取締酒駕或超速前）、「告知其將面對何種實驗情境」（如：標靶實驗、捐血等）、「可以隨時離開實驗，而不必擔心有任何負面結果。」

教育心理學的研究新取向位

1. 以「教育化」為目的

2. 以「全人化」為其對象

3. 以「本土化」為研究題材

教育心理學應遵守的
研究倫理

告知的義務

- 是否有某些欺騙之行為？
- 相關資料是否能保密？
- 是否告知可能蒙受的生理或心理痛苦？

未告知的後果

- 是說謊者！
- 大眾認為心理學家都
- 信任！
- 使人們之間互相不
- 造成人們感到悲傷或產生負面的情緒！
- 使受試者感到悲傷或

告知的目的

- 思考及兼顧研究目標與手段之間的合理性
- 目的不擇手段
- 任何研究不能為達

Unit **4-3**
教育心理學的研究方法

　　教育心理學乃探究教育和教學過程中，教師和學生的心理活動產生與變化的科學，是一門既具「理論性」及「應用性」的基礎理論與應用學科（張春興，1997；朱敬先，1997）。一般研究使用的研究方法，通常包括下列幾種：

一、實驗法與準實驗法

　　實驗法素有最嚴格的科學方法之稱，其目的在找出「獨立變項」與「依變項」間的因果關係。通常實驗至少包括「實驗組」（或稱操弄組）和「對照組」兩個實驗情境。前者即受試者被放置於設計好的實驗情境中；而後者即受試者未接受實驗操弄或接受不同的操弄。

　　依實驗的控制程度而言，實驗法即實驗過程中，實驗變項皆能在研究者的控制下，對受試者都能加以隨機分派處理；至於「準實驗」（Quasi experiment）則是指在實驗過程中，實驗者必須從實驗前即已存在的分類組別中去選取受試者，並加以分派的實驗。

二、相關法

　　觀察兩個或兩個以上因子的相關程度，即在瞭解各變項之間是否有相關存在？可分正相關（＋1）、負（－1）相關或無相關（0）等三種情形。如「閱讀成績與數學成績」之間即存有正相關。

三、調查法

　　即使用問卷，用來詢問當事人的狀況或想法，沒有對錯答案之別，測量其想法與意見，而非能力或知識。如施政滿意度、幸福指數、經濟信心指數等。

四、自然觀察法

　　亦稱「田野研究法」，研究者離開實驗室或診所，在自然的環境中觀察並記錄人們的日常活動。如記錄與觀察媽祖出巡。通常觀察的面向不一樣，所獲得的結果也會不一樣。

五、個案研究法

　　個案研究法之目的在於蒐集少數或個人的詳細資訊，屬於精密地探究個案如何思考（thinking）、感覺（feeling）與行動（action），以推論出一般性結論。

　　然而，每位個案皆有其差異性，因而個案研究結果僅屬建議性的推論，即生活環境和行為之間只存在著某些因果關係而已。因此，以實證導向的教育心理學，通常並不使用此方法進行研究。

六、描述性研究法

　　若研究者想要實地觀察、或進行調查、或晤談、或對特殊情境蒐集詳細資訊進行研究，則應採用「觀察法」、「調查法」、「晤談法」、「記錄」或併用以上各法。

　　描述性研究法之目的，僅在敘說特定班級的事實現象。通常描述式研究報告包括「調查結果」、「晤談反應」、「班內實況對話抽樣」或「班級活動紀錄」等。此方法通常不具有科學客觀性，但卻可以提供豐富的細節和解釋。

　　瑞士的發展心理學家皮亞傑（Jean Piaget），即廣泛使用此種研究方法。此外，「行動研究」亦屬於特別形式的描述性研究，係由教師本人在自己的班級或學校進行。

實驗法與
準實驗法

描述性
研究法

相關法

教育心理學的
研究方法

個案
研究法

調查法

自然
觀察法

Unit 4-4
人類發展與教育的關係

一、人類發展的意義

發展係指個體從出生到死亡適應環境的歷程，包括「生長」（生理改變）、「成熟」（自然生成）與「學習」（經驗的影響）等所發生的合理順序之改變；但若由疾病引起的暫時性改變，則非發展。其次，發展層面包括生理、心理、人格、社會、認知、道德等方面的改變。

人類發展會受到「遺傳」與外在「環境」的交互作用影響，人的身心特徵和行為表現，亦隨著年齡增長而產生很大的變化，這些變化皆會影響教育實施的效果。而探討這些改變，首先可安排適性化教育措施與課程教材；其次，則有利於設計適當的教育環境。

二、人類發展的通則

教育心理學家從人類發展變化現象中，歸納出發展的原理原則，包括：

（一）發展包括身、心等兩方面連續性的改變，不僅包括「量」的差異，也包含「質」的不同。

（二）發展乃「遺傳」與「環境」交互作用的結果，除受「基因」支配外，發展是否充分，仍受「環境」之影響。

（三）發展有先後順序可循，而發展之順序包括：(1)從頭到尾；(2)從軀幹到四肢；(3)從整體到特殊；(4)從中心向外緣；(5)前後一貫性。

（四）人類發展速率不同且循序漸進：指人類的發展有「個別差異」，如「小時了了」、「大器晚成」、「大智若愚」。其次，發展的改變不是突然的，而是需要時間。

（五）發展的連續歷程中呈現階段現象：指在某些年齡階段會呈現共同的行為特徵，如：胎兒期、嬰兒期、兒童期、青年期、成年期等。其次，指「關鍵期」，即在某個年齡階段，某項行為發展特別重要，若錯過時機往往需事倍功半。

（六）依照Maslow的需求層次論，身心需求的滿足乃是發展的動力。此外，人類的發展並非經常順利完美。

三、人類發展對教育的啓示

教育的實施必須掌握或依據上述發展的原理原則，其對教育的啓示如下：

（一）掌握學生的生長與發展關鍵期

教師需確認學生發展的最大與最小的急遽改變時期，並能適時掌握改變的關鍵期，在最急遽時期，安排有利之學習經驗。

（二）控制教學環境並引導學生的發展

在個體發展歷程中，受環境影響很大，透過控制教學環境，來引導學生獲得最大的發展。

（三）重視語言發展對學習的影響力

學校通常以標準的語言進行教學，要有好的成績必須精通標準語言，因而使用非標準語言的學生明顯處於劣勢。因此，實施文化回應教學則有助提升弱勢文化學生的學習。

（四）調整低成就學生的教學環境

低學習成就（或成績不佳），其隱含的意義，即可能顯示此一學習環境（學習模式）並非該學生所熟悉及適應的學習環境（學習模式）。

遺傳

環境

人類發展
的影響因素

生理

道德

心理

人類發展
層面

認知

人格

社會

從頭
到尾

從軀幹
到四肢

人類發展
先後順序

從整體
到特殊

從中心
向外緣

前後
一貫性

Unit 4-5
人格發展的概念與階段

一、人格發展的概念

「人格」（personality）一詞來自拉丁文Persona，具「假面具」之意。張春興（1997）指出，人格是個體在對人對己及一切環境中，適應事務時所顯示的異於別人的性格。奧爾波特（G. Allport）（1937）指出，人格是個人內在的動力（態）組織，這些心理系統決定了個人對環境的特殊適應方式。

張春興（1995）指出，「人格發展」（personality development）係指個體自嬰幼兒到成年的一段期間內，其在個性上的表現，隨年齡與學得經驗的增加而逐漸改變的歷程。至於人格發展的決定因素，通常包括「遺傳」和「環境」；從雙生子的研究指出，在早期，遺傳因素對人格的影響較明顯，但隨著年紀漸長，環境的影響力便加重。

Freud以「性趨力」為整個人格之基礎，並將人格比喻為「冰山」，即一個人的「自我」就像一座冰山一樣，我們能看到的只是表面很少的一部分行為，而更大一部分的內在世界，卻藏在更深層次，不為人所見，恰如冰山。

二、人格發展理論的建構

任何的人格或人格發展理論，皆屬建構而來，但此並不等於事實真相或真理，而其價值則在於可用來解釋一些行為現象。每種人格理論皆反映學者對人性的基本假定，可從六個向度檢視每種人格理論對人性的概念：(1)決定論和自由選擇。(2)悲觀和樂觀：通常決定論者傾向悲觀論，而相信自由選擇者乃樂觀論者。(3)因果論和目的論。(4)意識和潛意識：即人類行為由什麼決定。(5)生物性和社會性：即人格受到何種因素影響。(6)獨特性和相似性等。

三、人格發展的階段

有關人格發展階段，茲以Freud、Jung和Erikson的看法，分別說明如下：

（一）Freud的人格發展階段

共分為五個時期，包括：(1)口腔期（0至1歲）；(2)肛門期（1至3歲）；(3)性器期（3至6歲）；(4)潛伏期（7歲至青春期）；(5)兩性期（青春期以後）：我國國中生即處於此階段。

（二）Jung的人格發展

認為人格發展是連續化、統合化、個別化的成長歷程，不採分期看法，也不採幼年決定論。

（三）Erikson的人格發展階段

共分為八個時期，包括：(1)嬰兒期（0至1.5歲）：信賴（trust）與不信賴（mistrust）；(2)兒童期（1.5至3歲）：自動（autonomy）與懷疑（doubt）；(3)學齡初期（3至5歲）：創發（initiative）對愧疚（guilt）；(4)學齡期（6至12歲）：勤奮（industry）對自卑（inferiority）；(5)青春期（12至18歲）：自我認同（identity）和角色混淆（role confusion）；(6)成年早期（18至25歲）：親密（intimacy）和孤獨（isolation）；(7)成年期（25至65歲）：奮發有為（generative）與停滯頹廢（stagnation）；(8)成熟期（65歲以上）：榮耀（integrity）與失望（despair）。

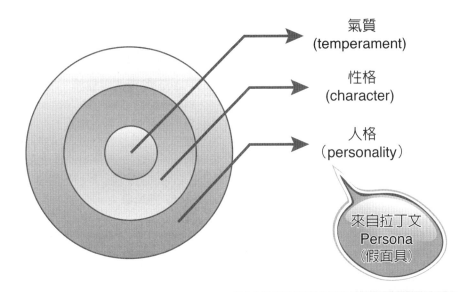

氣質
(temperament)

性格
(character)

人格
（personality）

來自拉丁文
Persona
（假面具）

Freud的
人格發展階段

(1)口腔期（0-1歲）
(2)肛門期（1-3歲）
(3)性器期（3-6歲）
(4)潛伏期（7歲至青春
期）
(5)兩性期（青春期以
後）

Erikson
的
人格發展階段理論

(1)嬰兒期（0-1.5歲）
信賴（trust）vs. 不信賴（mistrust）

(2)兒童期（1.5-3歲）
自動（autonomy）vs.懷疑（doubt）

(3)學齡初期（3-5歲）
創發（initiative）vs.愧疚（guilt）

(4)學齡期（6-12歲）
勤奮（industry）vs.自卑（inferiority）

(5)青春期（12-18歲）
自我認同（identity）vs.
角色混淆（role confusion）

(6)成年早期（18-25歲）
親密（intimacy）vs.孤獨（isolation）

(7)成年期（25-65歲）
奮發有為（generative）vs.
停滯頹廢（stagnation）

(8)成熟期（65歲以上）
榮耀（integrity）vs.失望（despair）

Unit 4-6
Piaget 的認知與道德發展論

一、Piaget認知發展論

Piaget的認知發展論，旨在說明人類如何蒐集與組織外在的訊息，以架構對環境的認知意義。Piaget認為人類思考發展由具體而抽象，智能的增長非量的增加，實乃質的改變。其概念說明如下：

（一）人類思考的基本傾向

Piaget認為人類遺傳有兩個基本傾向，包括：

1.「組織－基模」：即能將本身的行為及思想進行聯合、排列、再聯合、再排列，以形成一致的系統。

2.「適應－平衡」：即對環境的調適或適應。其「同化」概念，即人類會運用既有認知結構來適應外在環境改變。

（二）認知發展的影響因素

Piaget認為從出生到成熟，人類的思考歷程乃奇妙而緩慢地改變，而其影響因素則包括「生理成熟」、「活動」、「社會經驗」、「自我調節」等四者交互影響思考的發展。

（三）認知發展的階段

Piaget將其共分成四個階段，包括：(1)「感覺動作期」：0至2歲；(2)「前運思期」：2至7歲；(3)「具體運思期」：7至11歲，能理解可逆性的道理；(4)「形式運思期」：11至15歲，約為我國的國中生階段，能根據假設驗證的科學法則來解決問題，並能作抽象和邏輯的思考。

因此，依據Piaget的認知發展論，其認知結構發展具同時性，認知發展的階段有其順序，因而在教材組織與設計方面，應把握「連續性」與「階段性」之原則。其次，認知發展乃結構質與量的變化，認知發展是突發性的轉變。

二、Piaget的道德發展論

Piaget認為道德判斷需要智能，道德發展隨著年齡與智力並進，不同階段的兒童對道德問題的思考，在質與量上皆不同，在教育上常使用「道德兩難教學」。茲將其道德發展階段說明如下：

（一）無律期

5歲以前的兒童沒有道德判斷能力，無法按團體規律判斷是非。

（二）他律期

5至8歲，幼兒行為受現實的約束與規範，屬於「道德現實主義」。

（三）自律期

不再盲目服從權威與遵守紀律，能自行選擇與判斷規範的適切性與可行性。

三、Piaget理論對教育的啟示

Piaget的認知發展論，教師若能適時提供學生適當的學習刺激，充分運用豐富的資源環境和自由學習氣氛，則對學生的認知發展可收事半功倍之效。

（一）掌握學生心智成熟的特性

教師應掌握學生心智思考能力是否成熟，適時協助產生「心理運作」，以激發主動學習與樂於學習的潛力。

（二）教學應配合認知發展順序

教學設計應順應學生的認知發展，不可揠苗助長，方能有效促進學習效果。

（三）善用新舊認知的衝突

即在教學設計時需配合學生認知結構發展，促成新舊認知結構的衝突，以幫助學生吸收課程，產生挑戰性。

（四）運用學習的互動原則

教學策略宜配合學生的能力，透過同儕的交互作用，建立學生的客觀性認知。

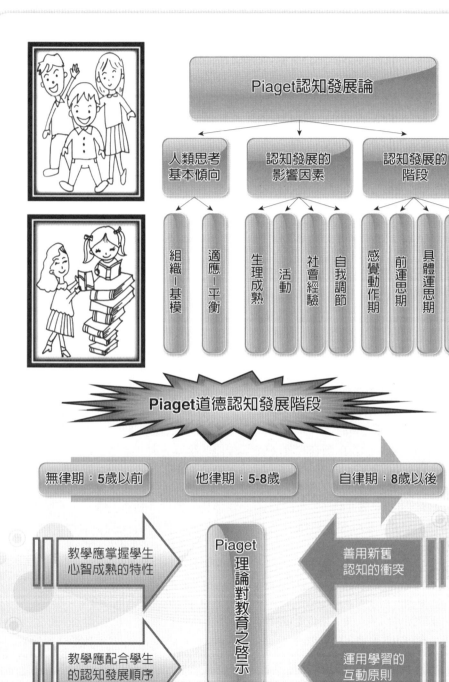

Piaget認知發展論

人類思考基本傾向 　 認知發展的影響因素 　 認知發展的階段

組織－基模 　 適應－平衡 　 生理成熟 　 活動 　 社會經驗 　 自我調節 　 感覺動作期 　 前運思期 　 具體運思期 　 形式運思期

Piaget道德認知發展階段

無律期：5歲以前 　 他律期：5-8歲 　 自律期：8歲以後

教學應掌握學生心智成熟的特性 　 Piaget理論對教育之啟示 　 善用新舊認知的衝突

教學應配合學生的認知發展順序 　 　 運用學習的互動原則

Unit **4-7**
Bruner 的認知發展論與應用

一、前言

「認知」（cognition）即「求知」和「辨識」的歷程。布魯納（J. S. Bruner）主張人類的認知活動乃主動反應，會主動運用內在模式或表徵系統，對外界所呈現的各種訊息進行轉譯、領悟、超越並獲得理解（陳李綱，1992）。

Bruner除強調「語言」及「心像」（mental image）對認知發展非常重要外，也認為「學習」與「成熟」在兒童的認知發展歷程亦扮演同等重要的角色。因此，Bruner曾說，「任何一門學科，只要透過適當的教學方法，皆能教給每位學生。」

二、Bruner的表徵系統論

Bruner的「表徵系統論」認為兒童心智能力的發展，即三種的思考「表徵」（representation），循序漸進的發展歷程，分述如下：

（一）動作（enactive）表徵

指3歲以下幼兒靠「動作」來認識與瞭解周圍的世界，即「動作表徵」是求知的基礎。

（二）形象（iconic）表徵

兒童能以「知覺經驗」來記憶或在心中代表他們所知覺的事務，即運用「感官」對事物所得的「心像」來認識瞭解周圍世界，此為由具體進入抽象之始。

（三）符號（symbolic）表徵

屬於高層次的認知能力，能運用抽象的語言文字、數字、圖形、符號等媒介，而不再侷限於知覺心像，來代表外在真實的世界，獲得或求取知識，表達經驗。

三、Bruner與Piaget理論的比較

Bruner深受Piaget理論的影響，雖皆主張認知發展具階段及循序發展等特性，然亦有其相異之處。

（一）Bruner的認知發展的分期雖與Piaget頗為相似，但在「年齡」上並非絕對截然劃分。

（二）Bruner的認知發展需依賴「學習」，Piaget則認為需依賴「成熟」。

（三）Bruner的三種思考表徵，代表三種不同階段、不同的學習方式，可以相互並存、相互補充。

（四）Bruner比Piaget更強調「後天教育」對認知發展的重要性。

四、Bruner表徵系統論在教學上之應用

Bruner認為學習乃主動建構的過程，強調「學習」與「成熟」在認知發展過程中同等重要。

（一）重視認知歷程的教學，任何知能皆可經由「動作表徵」→「形象表徵」→「符號表徵」的方式進行學習。

（二）Bruner重視語言訓練，語言乃內在思考發展的基礎。

（三）教師應引導學生進行主動學習，則其符號表徵期可以提早來臨。

（四）提倡「發現式學習」（discovery learning），教師在輕鬆自由的氣氛中，以問題為導向，適時提供暗示語或指導語，則可引導學生主動探索，自行發現事物與情境之間的關係。

（五）在課程的編纂原理方面，主張「螺旋式課程」。

Bruner曾說「任何一門學科，只要透過適當的教學方法，皆能教給每位學生！」

Bruner的認知發展論

Bruner的表徵系統論	Bruner與Piaget理論的比較	Bruner表徵系統論在教學上之應用

符號表徵

形象表徵

動作表徵

認知發展分期相似，但年齡劃分卻不同

Bruner強調「學習」，Piaget則認為依賴「成熟」

Bruner三種思考表徵，可以相互並存、相互補充

Bruner比Piaget更強調「後天教育」的重要性

教師應重視認知歷程的教學

教師更重視語言訓練

教師應引導學生進行主動學習

提倡「發現式學習」

主張「螺旋式課程」

Unit 4-8
Vygotsky 的認知發展論與應用

一、前言

維高斯基（L. Vygotsky）被譽為「心理學的莫札特」，主張兒童的認知發展與「社會文化」有關，兒童的認知發展必須依賴成人，其知識、觀念、態度與價值觀皆與他人互動而來。然而，此則迥異於具濃厚「生物學」色彩的Piaget認知發展論。

二、Vygotsky認知發展的重要概念

Vygotsky的認知發展論，主張「學習先於發展」，其理論重點如下：

（一）強調「獨白」重要性

獨白（private speech）即兒童的「自言自語」，屬於無聲的內在語言，此種由無聲獨白到有聲獨白的歷程，乃認知發展的基礎；然而，此則與 Piaget將兒童認知不成熟象徵的自言自語，稱之「自我中心語言」（ego-centric speech）有所差異。

（二）重視「鷹架」的提供

Vygotsky認為語言與認知發展有關，語言乃判斷認知發展的指標，教師或父母應適時提供兒童建構認知學習的鷹架（scaffold）（即支持或訊息），以協助兒童解決問題。

（三）提出「潛在發展區」概念

Vygotsky認為「社會互動」比教學方法，更能增進高層心理歷程。當兒童陷入問題解決的邊緣時，教師或成人適時地提供某些架構、提醒、暗示，可有效幫助兒童產生最大的潛在發展區（ZDP），以釐清或解決問題。此外，Vygotsky亦認為獨白也適用於潛在發展區之概念。

三、Vygotsky與Piaget認知理論的比較

（一）Vygotsky重視社會文化的影響，發展則具「文化異質性」。而具生物學色彩的Piaget重視個體與環境互動，發展則具有「普遍一致性」。

（二）Vygotsky主張「學習先於發展」，Piaget則認為「學習隸屬於發展」。

（三）Vygotsky的認知發展屬於「垂直互動」，Piaget的認知發展則屬於「水平互動」。

（四）Vygotsky認為「獨白」可增進認知發展，Piaget則認為「自言自語」係發展的階段現象或一種認知思維方式的表現而已。

四、Vygotsky理論在教育上的應用

1.積極與學生互動：改善社會環境，鼓勵教師或成人多與學生互動，以發展學生的語言能力。

2.鼓勵學生「自說自話」（self-talk）以幫助學習。

3.以「完整語言」（holistic language）進行教學：即鼓勵學生以「聽」、「說」、「讀」、「寫」來學習語言，並採「合作教學」或「交互教學」來進行。

4.使用「鷹架教學」（scaffolded instruction）：教師適時提供學習輔助的鷹架，可有效幫助學生獲得認知發展的最大可能性；而鷹架教學亦可善加運用「同儕指導」（peer tutoring）或「合作學習」（cooperative learning）方式進行。

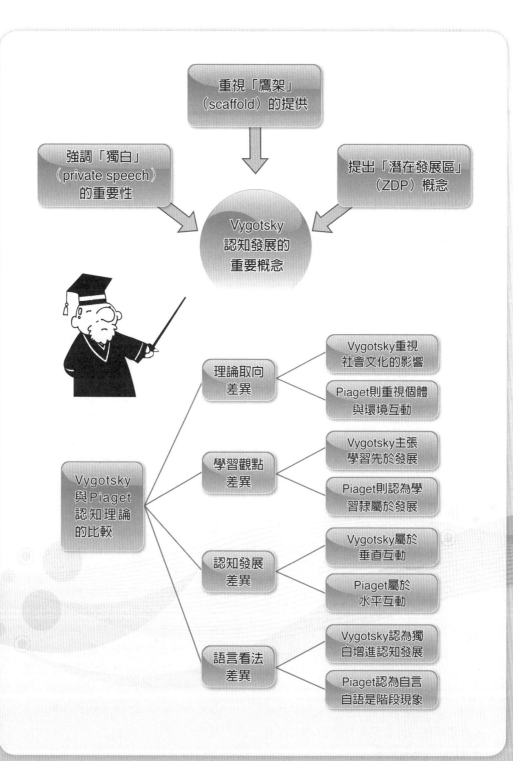

圖解教育學

Unit 4-9
Kohlberg 的道德發展論與應用

一、Kohlberg道德發展論的主張

郭爾堡（Lawrence Kohlberg, 1927-1987）的道德發展階段（stages of moral development）係採用「實徵研究」的方法，並以Piaget的認知發展論爲基礎進行研究，主張道德發展乃學習「明辨是非善惡」及「實踐道德規範」的歷程。

二、Kohlberg的道德發展階段論

Kohlberg以「習俗」爲標準，將道德推理判斷發展分成三個時期六階段：

（一）道德成規前期（preconventional）

並沒有道德觀念，凡事只會著重個人利益和只爲滿足自己而行事。

1.**階段一**：避罰服從取向（obedience and punishment orientation），單純爲避免被懲罰而服從規範，並未考慮其他事情。

2.**階段二**：相對功利取向（self-interest orientation），視他人讚賞的行爲作爲規範，爲得到讚賞之利益而遵守規範。

（二）道德成規期（conventional）

此階段兒童希望得到別人的認同，道德觀念以他人的標準作判斷，以此作爲發展自我道德觀念的方向。

1.**階段三**：尋求認可取向（interpersonal accord and conformity），爲得到成人好感，而遵從成人訂定的規範（The good boy/ good girl attitude）。即認爲滿足大眾期望的行爲便是好的行爲，因而會有較強的從眾表現。

2.**階段四**：遵守法規取向（authority and social-order maintaining orientation），認爲法律擁有絕對至高無上的權威，並服從大眾所定下的各種規律作爲道德規範。

（三）道德成規後期（post-conventional）

道德觀念已超越一般人及社會規範，對自我有所要求。

1.**階段五**：社會法制取向（social contract orientation），相信法律乃爲維護社會大眾的共同最大利益而制定，一切會以大眾的利益爲優先，但仍有不足之處，所以有時候仍會爲大眾的利益而作出違法行爲。

2.**階段六**：普遍倫理取向（universal ethical principles），憑自我良心行事，儘管法律有所限制，不過若因此而無法實踐自己的道德觀念，縱使犯法也在所不惜，因爲那些法律是有違其建立的原意。處於這個階段的人，會認爲他所做的全是爲了全世界人類的福祉著想。

三、對教育的啓示

（一）道德引導符合兒童年齡發展階段

兒童判斷事情的道德標準，與兒童應如何表現或不應如何表現時所使用的理由有直接關係。

（二）以體驗學習方式實施道德教學

1.以角色扮演適度讓兒童經歷不愉快的經驗，而非只傳遞愉快的情境經驗。

2.提供直接學習利他楷模的經驗，以收見賢思齊之效。

Kohlberg主張道德發展乃學習「明辨是非善惡」及「實踐道德規範」的歷程！

1. 道德引導符合兒童年齡發展階段！
2. 提供直接學習利他楷模的經驗，以收見賢思齊之效！

Kohlberg的道德發展階段論

道德成規前期	避罰服從取向（避免被處罰）
	相對功利取向（為讚賞而遵守）
道德循規期	尋求認可取向（為獲得好感而遵守）
	法律與秩序取向（服從至高無尚的法律權威）
道德成規後期	法制觀念取向（仍為大眾的利益而違法）
	價值觀念取向（憑自我良心行事）

Unit **4-10**
文化差異與教育發展

一、文化差異的內涵

文化乃人類的整體生活方式，其中包括價值、知識、態度、信仰及傳統等，其作用在於規範人類的團體行為，並解決所處環境產生之問題。

Banks（1989）指出，任何個體皆隸屬於許多不同團體，每個團體皆會對個體產生不同程度的影響。換言之，「文化差異」雖會對學生行為產生重要影響，但不能預測行為發展，即背景因素不能決定行為，僅只能作為預測或推估某種行為之可能性而已。

學生之間雖有「社階」、「種族」、「性別」、「文化」的差異，雖為一個不容否認且存在事實，但教師施教對象為學生，而非文化團體，每個學生皆是獨一無二的個體，教師在解釋文化差異時，切勿犯了「以偏概全」或「先入為主」的不當判斷，而形成某種文化的「偏見」、「傲慢」或「刻板印象」。

二、多元文化教育的理念

我國自1987年解嚴以來，由於受到政治民主開放思潮影響，逐步邁入自由多元化之社會。由於組成人口的複雜，彼此之間的語言和文化也存在著顯著差異。在1990年代開始，「多元文化教育」一詞開始出現，這二十多年來，多元文化教育亦逐漸受到強烈的關注，同時影響教育政策與實踐。

世界上並無任何文化是缺陷或完美的，傳統的教育觀認為學生無論貧窮、性別、種族、語言等之影響，皆必須適應學校教育；但新式的多元文化教育觀認為所有文化的學生，無論受貧窮、性別、種族、語言等之影響，皆應有充足平等的教育機會，並充分受到尊重而無差別待遇。教師更應瞭解學生在受教育的過程中，可能面臨的各種障礙，並予以協助跨越與克服。

多元文化教育之理念，即主張世界上並無任何文化是缺陷的。當我們面對一個多元價值的社會，不能因其種族、語言、宗教、文化等之差異，使學生在教育上產生不適應，即產生偏見或歧視之問題，甚至認為其屬於「文化不利」或「文化障礙」的族群。

三、文化差異與教育發展

學生之間雖有文化差異，但Rosaen（2003）認為每一個學生都是相同的，每一個人的差異皆應予以相同的對待。文化差異也非造成學習障礙或不利之藉口，Rosaen（2003）亦認為，教師可以使用學生的文化資本（cultural capital），協助學生看到不同學生的價值，優勢的學習方法與互動方式，並將學生的文化差異視為是尊重與引導依據的資源，而不是一種被解決的問題或克服的障礙。

Hollins（1996）指出，潛在課程即是潛意識地傳遞優勢文化的價值、事實和看法。因此，教師亦不可忽視潛在課程的影響，避免在教學過程中有意無意的僅傳遞優勢文化的主流價值而已。

學生之間的文化差異情形

社會階級的差異

種族的差異

文化的差異

性別的差異

語言的差異

學習方式的差異

文化差異與教育發展

每位學生皆相同的

文化差異是存在的

文化差異非學習障礙的藉口

文化差異應視為一種資源

教師在解釋文化差異時，勿犯「以偏概全」或「先入為主」的判斷，並形成文化的「偏見」、「傲慢」或「刻板印象」！

Unit **4-11**
行為學派思想與教育發展

一、前言

「行為學派」（Behaviorism）素有心理學「第一勢力」（first force）之稱，係由美國心理學家華生（J. B. Watson）於1913年所創立。他認為採用「內省法」來研究「意識」，是主觀而不可靠的工具，若心理學要成為一門科學，則必須要是能測量的、可觀察的，因此強調「行為」才是研究的主題。

荀子曾說：「蓬生麻中，不扶而直」，此即與「行為學派」的主張有異曲同工之妙。行為學派依據對動物的相關實驗，強調外在環境對學習的重要性，主張「學習」乃個體在特定的環境刺激下，「刺激」與「反應」之間的連結關係，又稱「聯結論」（association theory）。

此外，Bandura雖屬社會學習論者，但其提出的「替代性增強」或「社會性增強」，如見賢思齊，亦修正行為主義而來。其雖反對Skinner的操作制約之機械論，但仍有行為主義的思維。

二、行為學派的代表人物

行為主義理論者係以實驗室進行動物研究，進而推論至人類行為，其中最負盛名者，包括如下：

（一）美國Watson的「聯結論」

美國Watson於1913年提出「聯結論」，乃行為主義的創始者。

（二）俄國Pavlov的「古典制約論」

Pavlov依據狗的唾液實驗，提出「S→R」連結關係的「古典制約論」。

（三）「操作制約論」

首先，美國的Thorndike根據「迷籠中的貓」而提出「準備率」、「練習律」、「效果律」等三大定律。其次，美國的Skinner依據老鼠壓桿實驗而提出「操作制約論」（又稱「工具性制約論」），並衍生出後來的「增強作用」。

三、行為取向的教學模式

行為取向的教學模式，在課程與教學方面，應用相當廣泛，諸如「編序教學法」（sequential instruction）、「工作分析教學取向」（task analysis instruction approach）、「應用行為分析法」（applied behavior analysis, ABA）、精熟學習（mastery learning）、「直接教學法」（direction instruction）、電腦輔助教學（computer assisted instruction, CAI）、「結構化教學法」（structural teaching）、「通例課程方案」（general case programming）、契約學習（contract learning）、個人化教學系統（personalized system of instruction, PSI）等。

四、對教育之影響

行為學派的主張「個體的行為是環境的函數」，雖然爭議頗多，但在教育上的應用卻相當廣泛。此派認為教師若能適時提供有利學習的環境和刺激，則可以隨心所欲地將兒童訓練成任何預期的人。然而，此派忽視人類心靈作用與自主性，相對地降低對人的尊嚴與價值，乃此派理論最大的限制之處。

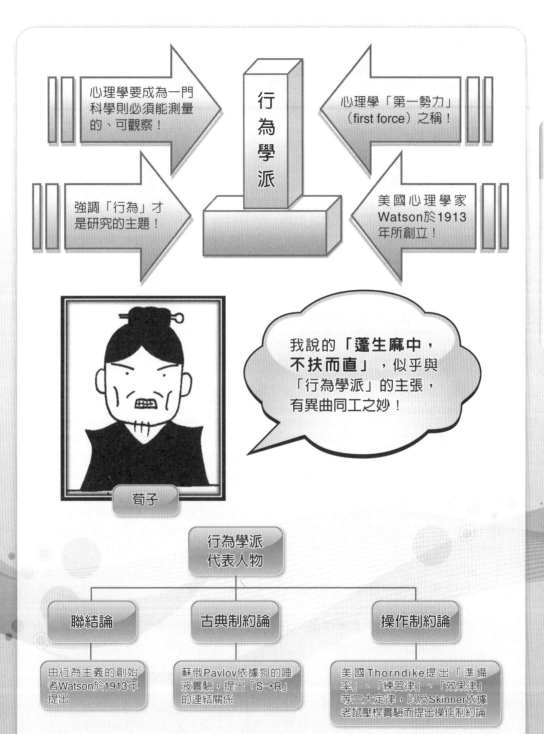

心理學要成為一門科學則必須能測量的、可觀察！

行為學派

心理學「第一勢力」（first force）之稱！

強調「行為」才是研究的主題！

美國心理學家Watson於1913年所創立！

荀子

我說的**「蓬生麻中，不扶而直」**，似乎與「行為學派」的主張，有異曲同工之妙！

行為學派代表人物

聯結論

由行為主義的創始者Watson於1913年提出

古典制約論

蘇俄Pavlov依據狗的唾液實驗，提出「S→R」的連結關係

操作制約論

美國Thorndike提出「準備率」、「練習律」、「效果律」等三大定律，以及Skinner依據老鼠壓桿實驗而提出操作制約論

Unit 4-12
認知學派思想與教育發展

圖解教育學

100

一、前言

認知心理學於1950年代崛起，奠基於1960年代，續於1970年代大放異彩，並在1980年代形成支配的局面；其探討「如何學習」，恰與行為主義所持論點相反，其試圖探討學習者內在的認知過程（cognitive process），以瞭解學習者內部心理結構的性質及變化為何。

認知心理學派特別強調「知覺」和「頓悟」在學習歷程中的重要性，認為學習並非簡單受外在環境的刺激與反應之間的連結關係而已，係學習者內部心理對新、舊知識的認識與連結，乃有機體積極主動的、有意義的所形成新的完形或認知結構，而非盲目的刺激與反應之間的簡單連結歷程而已。

二、認知學派之主張

認知心理學承繼完形心理學派的研究，主張學習乃主動獲得與應用符號的表徵或結構的過程，此派致力將學習的過程概念化，並釐清訊息是如何接收、組織、儲存和提取的過程。茲將其主要思想論點說明如下：

（一）學習存著一種無法直接觀察與測量的內在認知心理歷程。

（二）學習即是訊息處理理論，如同電腦處理資訊過程。

至於此派的教學模式，即強調教學過程中，學習者認知獲得與應用的重要性，可使用之教學方法，諸如「自我管理策略的教學」、「學習策略的教學」、「過程本位教學」等。

三、「頓悟學習」與「符號學習」

Tolman以老鼠為研究對象，進行走迷宮（maze）的實驗，而發現頓悟學習（insight learning）理論。其主張學習是一種認知歷程，學習是有目的或預期的引導行為，並非盲目嘗試錯誤的過程。學習之關鍵在於學習者能否洞察整個問題情境，領會或發現各種刺激間的微妙關係。

符號學習（signs learning）強調學習是對制約刺激與非制約刺激的認知，由預期或認知地圖所引導的有目的之行為，而非盲目的反應。

四、有意義學習理論

奧蘇貝爾（D. P. Ausubel）認為，要讓學生產生有意義的學習（meaningful learning），只有在學生的先備知識基礎上來教導，讓學生發現新舊知識之間的連結時，方能產生（張春興，1995）。換言之，教師的教學應配合學生的能力與經驗，即配合學生已有的認知結構（學習心向），才能產生有意義的學習。

有意義的學習強調新訊息若與個體大腦神經系統中已有的「認知結構」相關聯，使新訊息能在已存有之概念體系中扎根（林寶山，1990）。

Ausubel雖然非常重視有意義的學習，然而，他認為學生並非皆瞭解什麼是重要或相關的，也未必能自行組織學習材料，因而主張教師應將學習內容進行組織，並有系統的呈現給學生，此即「接受式學習」（reception learning）。

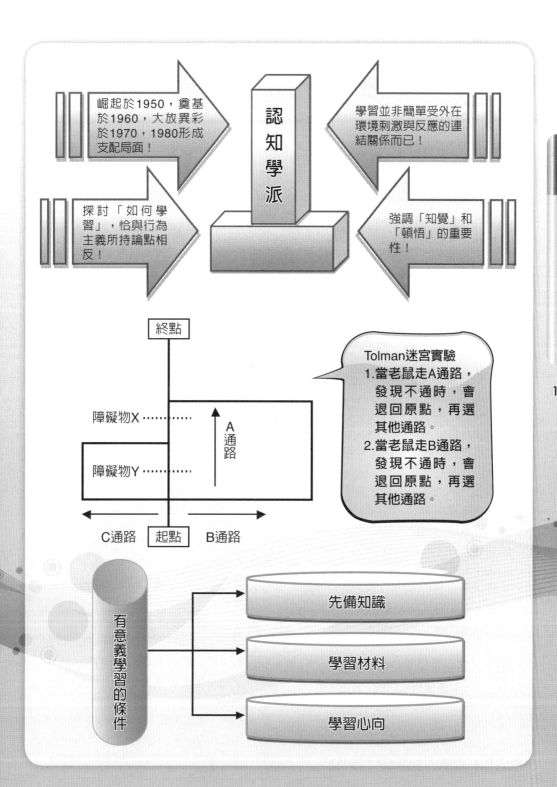

認知學派

崛起於1950，奠基於1960，大放異彩於1970，1980形成支配局面！

學習並非簡單受外在環境刺激與反應的連結關係而已！

探討「如何學習」，恰與行為主義所持論點相反！

強調「知覺」和「頓悟」的重要性！

終點

障礙物X

障礙物Y

A通路

C通路　起點　B通路

Tolman迷宮實驗
1. 當老鼠走A通路，發現不通時，會退回原點，再選其他通路。
2. 當老鼠走B通路，發現不通時，會退回原點，再選其他通路。

有意義學習的條件

先備知識

學習材料

學習心向

Unit **4-13**
人本學派思想與教育發展

一、前言

素有心理學的「第三勢力」（third force）之稱「人本心理學」（humanistic psychology），其興起係對美國在1960年代以前，教育過度「重視科技、輕忽人文」的一種態度、觀念、想法與主張；其思想主要受到心理學的「新佛洛伊德學派」（Neo-Freudian School）和「知覺心理學」（perceptual psychology）及哲學的「存在主義」（existentialism）和「現象學」（phenomenology）的影響。

二、人本心理學派的理論

人本心理學派的理論，大都是學者根據「經驗法則」所提出的，他們從「全人教育」取向對個體的學習、成長與發展進行詮釋，認爲「人性本善」，其對教育與心理的基本主張，即是「以人爲本」，只要後天環境適當，個體即會自然成長與發展。其次，人本心理學非常強調每一個體所具有的獨特性、個別性、人性化與價值性，不似行爲主義心理學派或認知心理學派般地強調系統化理論與嚴謹的方法。其主要的代表人物包括羅吉斯（Carl Rogers）、馬斯洛（Abrahbm Maslow）等兩位。

三、人本心理學派的學習主張
（一）主張自由學習

人天生即具有學習的潛能，學習不能強迫與外鑠，乃學生的自由選擇與決定，教師無法強迫，僅能以眞誠、接納地引導、啓發，方能催化其學習。

（二）學習應先滿足基本的需求

強調人生而具有自我實現的天賦潛力，若能先滿足學生的基本需求，在無威脅的安全情境中，才能引發學習的動機與潛能。

（三）學生為中心的全人教育發展

學習是全人發展，知識教育亦需兼顧培養學生的感情與意志。

四、人本心理學派的教育應用

人本心理學派的教育思想，以自我發展爲導向，任何教育措施應適合學生的發展需要。將其理念應用在教育方面，包括「開放教育」、「自由學校」等，茲說明如下：

（一）開放教育

1967年英國的《卜勞頓報告書》（Plowden Report）首先提出「開放教室」（open classroom）的體制內改革模式，強調教學目標由學生自訂而非教師決定，學生「自由選擇學習活動」、「做自己的事」、「學習如何學」，教師則採個別化教學，無測驗或教科書，積極營造人本、尊重、開放、溫暖的學習氛圍。

（二）自由學校（free school）

自由學校即完全突破傳統的開放教育方式，屬於體制外的改革模式，主張學校要適應學生學習需求，而非要求學生適應學校。如1921年英國尼爾（A. S. Neill）的「夏山學校」（Summerhill）、1919年史代納（R. Steiner）於德國成立第一所「華德福學校」、日本的「緒川學校」、美國的「瑟谷學校」等。

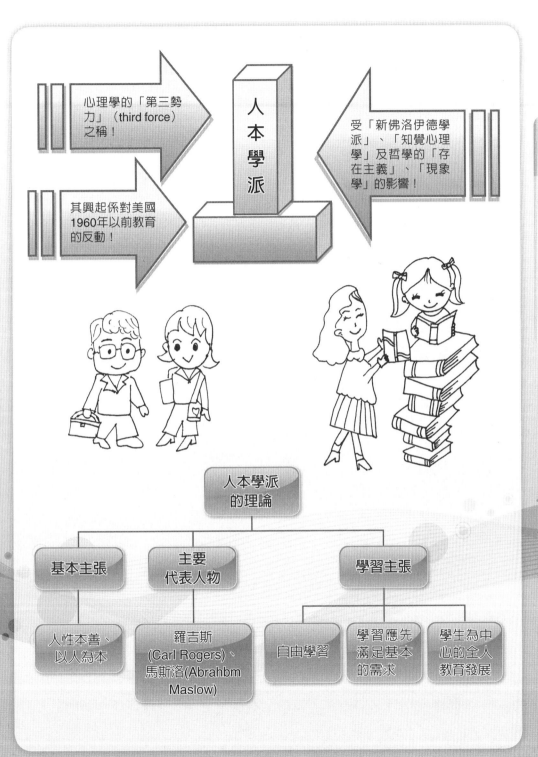

心理學的「第三勢力」（third force）之稱！

受「新佛洛伊德學派」、「知覺心理學」及哲學的「存在主義」、「現象學」的影響！

其興起係對美國1960年以前教育的反動！

人本學派

人本學派的理論

基本主張

主要代表人物

學習主張

人性本善、以人為本

羅吉斯(Carl Rogers)、馬斯洛(Abrahbm Maslow)

自由學習

學習應先滿足基本的需求

學生為中心的全人教育發展

第 5 章

教育 & 社會

　　學校是社會的縮影，學校教育的目標、本質、制度、方法等皆與外在環境的社會事實具有機連帶的關係。從社會事實的角度探究教育現象，更可讓我們清楚明白教育的理路。從古至今許多社會學家紛紛提出的各種學說，使我們更理解師生為達成教學活動所產生互動的多元面貌。本章擇要精選幾個非常具代表性且意義深遠的學說，來說明教育與社會之間的密切關係。

Unit **5-1**
教育思想與社會的關係及發展

一、教育與社會的關係

杜威（J. Dewey）曾說：「教育是社會的縮影」，即指出教育與社會之間具有非常密切的關係。所謂「教育社會學」，即以社會學的概念，去描述、認知、分析、詮釋教育制度及教育場域中的各種社會行為。換言之，即強調教育與社會的互動，以及將教育當作社會制度之一，並納入社會學研究領域。

教育社會學係結合教育科學與社會科學的一門科技整合之學科，其具有「行為科學」與「價值科學」的雙重特性。然而，其研究應偏重具體性、診斷性、預測性或應用性呢？或是屬於社會學的一支或教育學的一支呢？這些爭議至目前為止仍持續不斷！

二、早期社會學的演變發展

人類思想知識的演進，乃是點點滴滴累積而來，並非一蹴可幾即可達到的。自十九世紀末到二十世紀初，乃「教育社會學」的萌芽期，而法國孔德（Auguste Comte）是第一位對社會作客觀研究的學者，其首創「社會學」一詞，因而被尊稱為「社會學之父」。

孔德將人類學術思想知識的演進分為「神學」（theological）→「玄學」（metaphysical）→「科學」（positive）等三個演變時期。

（一）神學階段

即人類用超自然的、不可見的神或靈魂來解釋自然事物。如西方的基督教或東方教派的教義即屬之。

（二）玄學階段

又稱「形上學」階段，即人類使用「抽象」或「無法觀察」的原因來解釋自然，以追尋真實原因來取代神靈解釋。

（三）科學階段

即人類不再以解釋自然為滿足，而進一步企圖去描述、預測、解釋與控制自然。

三、教育社會學思想的發展

教育社會學思想自二十世紀初開始在英、美等國逐漸蓬勃發展，其發展大致可分成三個階段：

（一）規範性階段（或稱傳統時期）

從二十世紀初至1950年代，此時期學者從事規範性的探討，認為教育有「社會化」和「選擇」兩種功能；主張將社會學知識原理應用於教育，其特色包括「重視社會行動」、「強調應用取向」、「偏重哲學性」。

（二）證驗性階段（新興的時期）

從1950年至1970年代，此時期認為教育社會學為社會學的分支，研究典範由規範性轉為實證性研究。

（三）批判性階段（新取向時期）

自1970年代以後，此時期主張採用參與觀察方式，實地瞭解師生互動過程如何建構知識，以解釋的、批判性的、質的研究取向為主，進行微觀的研究內容，代表理論包括「現象學」、「符號互動論」、「俗民誌方法論」、「知識社會學」、「批判理論」等。

人類學術思想知識的演進

神學階段	玄學階段	科學階段

人類用超自然的、不可見的神或靈魂來解釋自然事物

人類使用「抽象」或「無法觀察」的原因來解釋自然

人類不再以解釋自然為滿足,而企圖去描述、預測、解釋與控制自然

107

教育社會學思想的發展

規範性階段	證驗性階段	批判性階段

1950年以前
教育有「社會化」和「選擇」兩種功能;將社會學知識原理應用於教育。

1950至1970年
教育社會學為社會學的分支,研究典範由規範性轉為實證性研究。

1970年以後
採用參與觀察實地瞭解師生互動及建構知識,以解釋的、批判性、質的研究進行微觀的研究。

Unit 5-2
教育現象的社會學研究之取向

一、前言

現今社會受到交通、科技、資訊、網路、雲端等影響下，變遷快速，教育問題亦不斷地湧現，因此，對教育問題進行研究，並對教育發展作「描述、解釋、預測、控制」，乃是相當重要的課題。然而，若僅使用單一方法來探究教育問題，不但不夠且無法妥善解決問題。大致而言，研究教育問題的典範可分成「微觀與鉅觀」、「實證與人文」、「量化與質性」等研究取向。

二、微觀與鉅觀的研究

如果探究教育問題著重在「教育制度」、「教育結構」、「社會階層化」、「社會變遷模式」、「社會流動」等關係之研究上，那麼，無論是結構功能或衝突學派等之研究，均可稱之為「鉅觀社會學」（macrosociology）研究。

反之，若探究學校的「教室語言分析」、「教室學習生活分析」、「師生互動」、「學校運作歷程」、「學生次級文化」、「師生關係」等採取微觀的觀點進行研究，則稱之為「微觀社會學」（micro-sociology）研究。自1960年代以後，微觀社會學研究逐漸興起。

除上述兩種研究之外，結構功能論學者默頓（Merton）認為，在研究社會互動的微觀與鉅觀社會學之間，應建立「中程理論」（theory of the middle range）的相關命題之邏輯演繹，除可推演出較小的理論外，並可相互驗證或整合一個更寬廣的理論。

三、實證與人文的研究

在教育研究方面，學者經常沿用社會學傳統的實證與人文之研究取向。社會學的實證研究典範，係由素有「社會學之父」的法國孔德（Auguste Comte）最先提出的，他認為研究社會應以客觀科學方式；接著，屬於結構功能論者且被稱為「教育社會學奠基者」的法國古典社會學家涂爾幹（E. Durkheim）則倡導「社會事實」（social fact）的實證分析；此外，德國的韋伯（Max Weber）也提出「價值中立」（value free）的規範，注重事實判斷，反對價值分析，以強化科學的研究精神。

雖然實證科學研究具有相對的客觀性，但其解釋現象的簡單化、數據化、非人性化等，卻常常令人詬病。因此，西方自二次世界大戰以後，強調主觀價值反省與批判的「批判方法論」，對現象進行理解與觀察的「現象學方法論」，深入探究人類行為的「俗民誌方法論」等逐漸崛起，此學派認為對研究結果帶感情的理解，往往比數字化的解釋更貼近人的社會實際情形。

四、量化與質性的研究

至於量化與質性研究的主要區別在於蒐集和分析資料的問題方面。量化研究乃運用自然科學的數學方法，如問卷調查、統計分析，進行資料的蒐集、分析與處理。質性研究則以「人種誌」、「現象學」、「詮釋學」等研究方法，僅用文字描述現象，而不用數字解釋。

大致而言，研究教育問題的典範可分成「微觀與鉅觀」、「實證與人文」、「量化與質性」等研究取向。

微觀與鉅觀研究取向

· 結構功能或衝突學派等之研究，均可稱之為「鉅觀社會學」研究。
· 微觀社會學研究包括教室的語言、學習、師生互動、學校運作、次級文化。

實證與人文研究取向

· 實證典範強調以客觀科學方式，注重事實判斷，反對價值分析。
· 人文典範強調以主觀價值反省與批判，對現象進行理解與觀察等。

量化與質性研究取向

· 兩者主要區別在於蒐集和分析資料方面。
· 量化研究乃運用自然科學的數學方法。而質性研究則以「人種誌」、「現象學」、「詮釋學」等研究方法。

Unit 5-3
西方古典社會學家的教育思想

一、前言

西方早期的古典社會學家包括馬克思、涂爾幹和韋伯等三人，曾嘗試解釋「社會的本質是什麼？」「社會與個人關係爲何？」「造成社會變遷的主要力量是什麼？」等關於社會基本運作的原理，實相當功不可沒，爲社會學的發展，奠定良好深厚的基礎，也提供教育社會學和教育學發展的理論依據。

二、德國馬克思的教育思想

馬克思（K. Marx, 1818-1883）生於西方政治、經濟、工業與知識的革命時代，乃是建立西方早期社會學非常重要的學者。其憑著敏銳的觀察力，分析人類的歷史，提出之「歷史唯物論」和「階級鬥爭論」最爲著名。其主要理論包括：(1)經濟基礎決定上層結構（經濟決定論）；(2)社會生產力是社會變遷的根本動力；(3)社會階級鬥爭論；(4)歷史唯物論；(5)資本主義造成社會結構的不平等；(6)疏離是經濟剝削的結果。

Marx對教育與社會關係的看法，認爲教育作爲一種上層結構但受制於經濟基礎，同時教育對經濟基礎又有反制作用。但自1970年代以後，西方產生「新馬克思主義」，詮釋不同的新見解。

三、法國涂爾幹的教育思想

涂爾幹（E. Durkheim, 1858-1917）是第一位有系統地考察教育和社會關係的社會學家，他承繼Comte的實證主義理論並加以發揚光大，他運用「自然科學研究方法」，並確定社會學研究主要對象爲「社會事實」（social fact）。

Durkheim主要理論屬於「結構功能論」，被稱爲社會學的奠基者，主張「社會大於個人總和」，社會組成分子乃爲整體社會永續生存的基礎。

因此，在教育上強調建立「教育共識」的「集體意識」（collective conscience）之重要性；教育的使命就是要在日益分化和異質化的社會中創造和維持團結與一致。換言之，教育就是成年人對新一代年輕人進行有系統地社會化，社會才能不斷地發展與存續。

四、德國韋伯的教育思想

韋伯（Max Weber, 1864-1920）的學識非常淵博，對於法律、政治、經濟、歷史、哲學、音樂等皆有深入的涉獵與研究。他指出「理性主義」（rationalism）乃西方最大的文化資產，亦是西方當代社會與古代社會最大差異之處。此外，他認爲「宗教」是造成與影響東西方文化發展差距的主要原因。

Weber對社會學主要影響包括：(1)提出「科層體制」（bureaucracy）和「正式組織」的概念，對學校組織理論有極大影響；(2)主張新教倫理在「資本主義」、「官僚制度」和「法律權威」的發展上所扮演的重要角色；(3)強調「專業權威」的重要性，包括「個人崇拜權威」（charismatic authority）、「傳統權威」（traditional authority）和「法定權威」（legal authority）等三種。

1.提出「歷史唯物論」和「階級鬥爭論」最為著名。
2.主要理論包括：(1)經濟基礎決定上層結構（經濟決定論）；(2)社會生產力是社會變遷的根本動力；(3)社會階級鬥爭論；(4)歷史唯物論；(5)資本主義造成社會結構的不平等；(6)疏離是經濟剝削的結果。

馬克思

1.運用「自然科學研究方法」並確定主要研究對象為「社會事實」（social fact）。
2.理論屬於「結構功能論」，被稱為社會學的奠基者；主張「社會大於個人總和」。
3.在教育上強調建立「教育共識」的「集體意識」（collective conscience）之重要性。

涂爾幹

1.認為「理性主義」乃西方最大的文化資產。
2.對社會學主要影響，包括：(1)提出「科層體制」（bureaucracy）和「正式組織」的概念；(2)主張新教倫理在「資本主義」、「官僚制度」和「法律權威」扮演重要角色；(3)強調「專業權威」的重要性，包括「個人崇拜權威」、「傳統權威」和「法定權威」等三種。

韋伯

Unit **5-4**
Kuhn 的典範與科學知識變遷之關係

一、前言

「教育社會學」乃是介於「教育學」與「社會學」之間的一門中介之學科，兼具兩者的雙重特性。而教育與社會之關係，即以社會學的觀點來探究教育是什麼？爲何會如此發展？以形成各種不同的假說、理論、模式或派別。

因此，當詮釋這些教育與社會的觀點時，即應先對「典範」與「科學知識」的內涵及其變遷關係有深入瞭解，避免流於單一性，以多元觀點進行詮釋，才能眞正獲得與理解科學知識的完整性。

二、Kuhn提出的典範概念

當孔恩（Thomas Kuhn, 1922-1966）在研究人類的傳統知識與文化時，發現傳統的知識與文化並非全能的理論，甚至並非完全無錯誤之處。換言之，這些傳統的知識與文化，也需要攤在陽光下用放大鏡來加以仔細地檢視。

Kuhn於1962年在《科學革命的建構》（The structure of scientific revolutions）一書中即提出「典範」（paradigm）的概念，以界定「研究何者？」「研究什麼問題？」「如何質疑問題？」「詮釋答案時應遵循的規則爲何？」等。

Kuhn以「典範」來代表某一科學社群成員之間共有的信仰、價值、技術等所構成的整體，其能爲此整體的某一部分，提供問題解答或作爲常態科學研究中之基礎。換言之，典範即某一個知識領域或社群最主要、最廣泛的共識單位。而其具有的特性包括：(1)理解科學知識內容或理論的架構；(2)當作科學研究的先前假設；(3)用來區分不同科學社群的主要依據；(4)區分相同科學社群內的次級社群；(5)作爲科學有無改變的指標。

三、典範與科學知識變遷之關係

Kuhn認爲當常態科學的異例愈來愈多，造成傳統科學知識無法解釋時，即產生危機，意謂著科學革命的到來；而科學革命乃是一個「新典範」取代「舊典範」的過程，Kuhn將其稱爲「格式塔轉換」（Gestalt-switch）。

因此，Kuhn認爲傳統科學知識的信仰，並非全能理論或全然無誤，其也需要被檢視。從「長期常態科學」至「危機」到「新的常態科學」的發展，具有以下的特性：

（一）科學發現是認知改變的歷程

Kuhn認爲新典範的「發現」與「發明」知識，皆屬於一種重新修正認知的過程，而非僅在既有知識增加新成分或累積知識而已。因此，以開放的經驗與邏輯理性的推理能力，對於發明或發現知識眞理是相當必要的。

（二）科學演進來自典範改變而非知識的累積

Kuhn認爲常態科學具有累積的性質，然而，典範的變革，絕非一種累積性的過程，而係來自一種革命性的力量，才能促成科學的變遷或進步。

教育學 → 教育社會學 ← 社會學

「教育社會學」乃介於「教育學」與「社會學」之間的一門中介學科，兼具兩者的雙重特性。

典範概念

1.界定研究「何者？」
2.界定「研究什麼問題？」
3.界定「如何質疑問題？」
4.界定「詮釋答案時應遵循的規則為何？」

典範與科學知識變遷之關係

1. 並非全能理論或全然無誤，其也需要被檢視！
2. 科學發現乃認知改變的歷程！
3. 科學演進來自典範改變而非知識累積！
4.科學革命乃一個「新典範」取代「舊典範」過程！

Unit 5-5
教育現象與社會階層化的關係

一、前言

從許多教育社會學的研究顯示，高社經地位者，具有高優勢的社會階層條件，確實有助其子女未來獲得較高的教育成就及社會地位。

然而，這並非直接影響其子女的教育成就，乃透過諸如「教養方式」、「教育期望」、「學習成就動機」、「使用語言類型」、「態度價值觀念」、「父母參與子女教育的程度」、「重要他人的鼓勵」等因素而發揮作用。

因此，探討學校教育在社會階層化的過程中，扮演何種角色及社會階層化對教育之影響，乃非常重要之課題。

二、社會階層化的意義

「社會階層化」（social stratification）即社會依據某些標準或屬性，將社會分為若干高低不同層級的歷程和現象。通常依據的標準包括「聲望」、「財富」、「收入」、「學歷」、「權力」等。

而社會階層化係由何種因素造成呢？Weber認為是「階級」（class）、「地位」（status）、「權力」（power）等三個因素導致（De Graaf, 1986）。

三、區分社會階層的指標

社會階層乃社會階層化的結果，一般區分社會階層的方法有以下兩種：

（一）客觀評量

係指透過各種指標或量表且以數字來區分，例如，財產收入、消費支出、教育水準、居住地區、職業類別、職位高低等。

（二）主觀評量

指藉由個人主觀對某種社會階層聲望之認定，給予高、低的評價；例如，社會聲望、權威、權力、重要性與貢獻等。

四、教育與社會階層化的關係

教育與社會階層化具有密切之關係，茲可從「功能論」與「衝突論」兩個取向來分析與理解。

（一）功能論取向

功能論源於涂爾幹的結構功能主義，1940年以後盛行於美國社會科學界。功能論認為社會的整體發展，需要各種不同資格和技能的人擔任不同的職位，因此，社會階層乃「社會分工」的結果。帕森思（T. Parsons）認為社會階層之間的不平等乃無法避免，問題不在於不平等是否存在，而在於多少不平等才是合理的。

（二）衝突論取向

衝突論乃源自於Marx的學說，至1960年代才開始逐漸受到學者之注意。衝突論者主張，社會階層形成乃因「權力」和「利益」分配的結果，如錢滾權、權生錢等。社會階層化更形成不同階層間的宰制及支配關係，並且使不平等的權力和利益爭奪結果合法化。

包爾斯（S. Bowles）與金帝斯（H. Gintis）甚至認為，美國的教育制度是為資本階級服務，教育不但合法化也「再製」（reproduce）社會階層間的不平等。

高社經地位者

中介變項
透過諸如教養方式、教育期望、學習成就
動機、使用語言類型、態度價值觀、父母
參與子女教育的程度、重要他人的鼓勵等
方式。

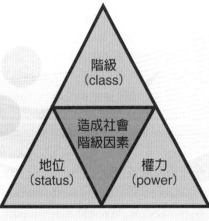

學校教育在「社會
階層化」的過程
中，扮演舉足輕重
的角色！

教育與社會階層
化關係

階級
(class)

造成社會
階級因素

地位   權力
(status)   (power)

功能論
取向

社會
結構

社會
分功

衝突論
取向

權力

利益

Unit 5-6
教育機會均等的理念與實施

一、前言

在自由、民主、開放的社會中，學校教育資格的取得，乃向上社會流動的重要條件與必然現象。因此，教育機會均等的現象與問題，往往是社會大眾、家長與政府所關心與矚目的焦點。

而教育機會均等所探討之議題，包括如：「誰能透過學校教育機制，而往上及往前衝？」「當學校教育成為日益重要的社會篩選機制，能否提供弱勢向上流動的機會？」「實施教育機會均等，能否改變不平等的社會現況？」等問題。

二、教育機會均等的理念

「教育機會均等」（equality of educational opportunity）係指每個學生皆有同等的入學機會，且入學之後，在受教過程中，也得到公平及適性的教育，並使個人潛能得以充分地發展。其乃基於社會的「公平、正義」之基本原則，並以追求「社會正義」為目標。

教育機會均等理念受到重視，肇始於美國1950年至1960年代的美國民權（civil rights）運動，其最早係由美國教育學者柯爾曼（James S. Coleman）於1968年發表"The Concept of Equality of Educational Opportunity"的論文中所提出的。

Coleman（1968）指出，教育機會均等的理念包括：(1)人人均能免費得到某個程度的學校教育，且此程度已足以進入勞力市場；(2)所有的學生，不論背景，在學校皆能獲得同樣課程的教育；(3)強調資源投入（inputs）均等。

三、現代教育機會均等概念

現代的教育機會均等概念，因時代與社會變遷而有所不同，具有以下特性：

（一）重視就學機會的平等與保障

此階段主要在消除因家庭社經背景、性別、種族、宗教等所造成的不平等，使學生皆擁有接受平等的教育權利，達到「有教無類」的目標。

（二）強調適性教育

由於學校課程、環境與師資等皆為一般學生設計，無法滿足身心障礙或資優學生的學習需求。因此，此階段強調適性教育，以發揮「因材施教」的功能。

（三）實施補償教育（compensatory education）

多數學習失敗的學生，主要皆來自下層社會階級，且因早期生活經驗的不足，形成文化不利（culturally disadvantaged）及文化剝奪（cultural deprivation）的現象，故本階段從補償角度，針對不同需求的團體，在公平與正義原則下，教育資源的投入也應有所不等，此即「積極性差別待遇」（positive discrimination）。

因此，教育機會均等不再只強調公平開放的「入學」（access to school）機會，也逐漸重視在學校中教育「過程」（process）與「內容」（content）的均等，以及教育資源「投入」（input）與「產出」（output）之間的關係（楊瑩，1994）。

116

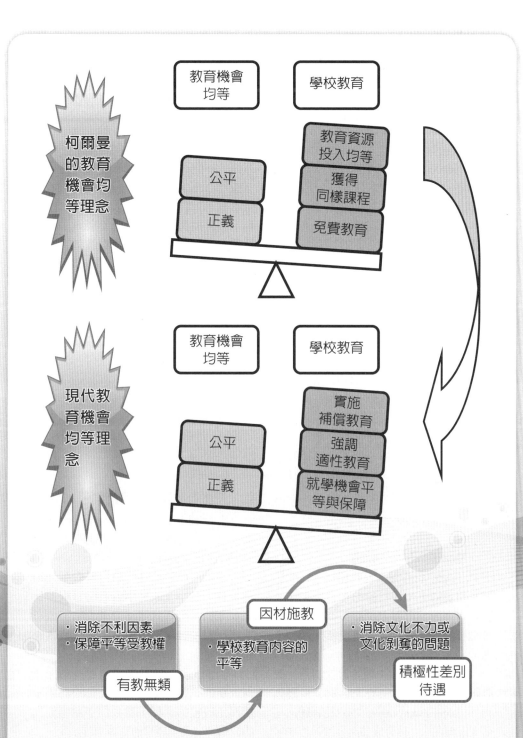

Unit 5-7
符號互動論與教育現象的關係

一、符號互動論的內涵

符號互動論（symbolic interactionism）係從人與人之間在日常生活所使用的「語言」和「符號」之互動過程或關係，來理解人類群體生活中，人的「自我」（self）、「心靈」（mind）和「社會」（social）所扮演的角色。

符號互動論著重個人行動與意識，強調主體性與特異性，認為人類思考能力係由社會互動所塑造而成，屬於社會學微觀的理論；此學派主要的代表性學者包括米德（Geoege Hebert Mead）、高夫曼（Ervin Goffman）、庫利（C. H. Cooley）、布魯默（H. Blumer）、湯瑪斯（W. I. Thomas）、庫恩（M. H. Khun）等。

不過，此學派最受批評之處，乃忽略文化、制度、體系、規範、價值等現實社會建構之意義，有導致偏狹的「人性論」與「化約論」之虞，無法涵蓋人類完整的社會生活。

二、Mead的符號互動論

Mead強調心靈、自我和社會之間是緊密相連的，一切行動的意義皆來自人際互動中，並非個人單獨創造出的。換言之，即將心智視為一種社會互動的過程，人的行動表現皆經過思考過程。

此外，Mead亦主張「自我」乃「社會化」的產物，其主要來自對「重要他人」（significant others）的內化經驗之感受。因而在學生教育成長與發展過程中，與教師、家長、同儕等重要他人的互動，即對人格與行為具有重要的影響。

三、Goffman的「戲劇論」

Goffman（1959）以「微觀分析」方式，探討面對面行為的本質與內涵，其提出「戲劇論」（dramaturgy），用戲劇概念解釋生活，用戲劇的比喻作為自己理論的架構，以說明人與人之間的互動，猶如舞臺表演所釋放的訊息及符號。

Goffman（1959）認為通常人們為達成某種目的，而會刻意地進行「印象整飾」（impression management），並保持適當的態度與舉止。而一般人為維持印象整飾，通常會採取諸如「第一印象」（first impression）、「理想化」（idealization）、「無意姿態」（unmeant gestures）、「識相」（tact）、「神祕化」（mystification）等手段因應。

四、符號互動論與教育的關係

將符號互動論的觀點應用在教育上，應不只在學校教育中被重視，它可以廣泛應用至親職教育、社會教育。

其次，兒童接觸的第一個教育即家庭教育，從小在家庭中若與父母維持良好的互動，可使其發展健全人格，則有利於在學校、社會中與他人進行良性的互動，發展出完美的人格。

因此，父母、教師、甚至社會上任何成員的一言一行，均對兒童的發展扮演舉足輕重的影響，當我們在回應他人的行動時，必須謹慎熟慮後再作決定。

符號互
動論的
內涵

概念	代表人物	批評
探討「語言」和「符號」在日常生活中的互動	Mead	忽略現實社會建構之意義
理解人的自我、心靈和社會	Goffmam	偏狹的人性論與化約論之虞
	Cooley	無法涵蓋人類完整社會生活
	Blumer	
	Thomas	
	Khun	

Goffman的「戲劇論」
印象整飾的手段

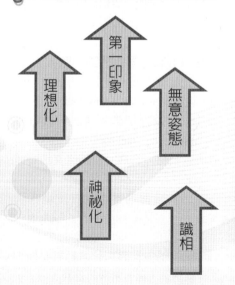

理想化

第一印象

無意姿態

神祕化

識相

Unit 5-8
性別階層化對教育發展的影響

一、前言

　　家庭是兒童社會化的第一個場所，兒童性別角色的塑造與認同，父母的教養態度與行為具有很大的關係。因為家庭中存在許多性別刻板印象、性別偏見與歧視的傳統性別角色之現象。

　　兩性天生在生理之差異雖屬既存事實，然而，值得我們深思的即是此種差異為何會經由階層化的機制，而成為性別間宰制與不平等的合理化基礎？其次，性別上的差異是如何經由某種機制或過程而被建構與維持的？再者，性別階層化所衍生的後果為何？

　　事實上，男女在性別角色差異與在生理的差異，兩者並無必然的內在關聯。因為性別角色乃一種社會建構（social construction），「性別階層化」（gender stratification）即反應社會中權力與文化的評價和價值觀之差異，並且是構成社會階層化結構的一個基礎。

二、性別階層化的概念

　　「性別階層化」係指社會成員因其社會性別之差異，而對社會的財富、地位、聲望、權力、教育機會等珍稀價值之取得，存在著某種不平等的差別待遇。

　　功能論者認為，社會經由各種社會控制方式，促成與性別相關的行為。如性別角色分化，使男女分擔家庭中不同的內外工作，對社會的秩序與整合具有正向功能。另外，男女不同的社會化，能使兩性在成年時，獲得適當的性別認同及技能。

　　然而，功能論的觀點仍有其限制而並未被所有的人所接受。譬如昔日貧窮家庭的婦女必須經常在外工作，近代則有許多的婦女進入勞力市場。此外，功能論者忽略傳統嚴格分化的性別角色所帶來的社會緊張及成本。再者，傳統性別角色使男性處於主導宰制的地位。

　　衝突論者主張，性別不只行為的差異，亦是權力之差異。傳統的性別觀念對男性有利，而使女人被歧視與壓迫而造成衝突和緊張。資本主義社會因為創造更多的財富，而進一步強化男權，使男性以養家活口、財產擁有及繼承者的身分，擁有更大的權力。資本主義社會為因應發展之需要，將女性定位為消費者，並試圖說服她們唯有透過擁有及使用產品才能實現個人的願望。

三、性別階層化對教育的影響

　　性別階層化對學校中教育的安排與實施，也產生下列幾方面的影響：

　　（一）**課程安排**：透過「教育分流」（differential tracking）的方式，男女分別朝著工藝／家事、理工／文法商發展。

　　（二）**學習內容**：教材呈現「男剛女柔」、「男主外女主內」等主要內容。

　　（三）**師生互動**：教師對男女學生的教導與期望，存有明顯的差異。

　　（四）**同儕互動**：造成男女同儕之間相互學習的困難度與壓力。

概念

- 因社會性別之差異
- 有社會財富、地位、聲望、權力、教育機會等珍稀價值之取得方面
- 存有某種不平等的差別待遇

功能論

- 經由各種社會控制方式，促成與性別相關行為
- 男女分擔不同的家庭內外工作對社會的秩序與整合具有正向功能
- 論點仍未被所有的人接受

衝突論

- 性別不只行為的差異，亦是權力之差異
- 此乃資本主義社會因為創造更多財富的藉口

性別階層化的概念

性別階層化對教育的影響

- 透過教育分流方式使男女分別朝工藝／家事、理工／文法商之發展
- 教材呈現男剛女柔、男主外女主內等內容
- 老師對男、女學生的教導與期望，存有明顯差異
- 造成男女同儕間相互學習的困難度與壓力

Unit **5-9**
實踐性別教育機會均等的理念

圖解教育學

122

一、前言

在傳統的父權意識型態社會中，女性往往成為被壓迫的少數族群，成為屬於次等團體成員的身分，在一些文化特質上即與主流男性文化存有明顯差異。再加上「男尊女卑」、「男剛女柔」、「男主外女主內」、「重男輕女」等觀念一直深植人心，不斷地影響我們對男、女存在的價值與性別角色行為的期待與看法，而此種性別刻板印象，反映在教育上，即凸顯出性別教育機會不均等之問題。

近幾十年來，政府致力推動性別平等教育之政策，也減少許多性別教育機會不均的問題。然而，在碩、博士的高等教育方面，男女就讀人數及選讀科別，仍有非常明顯的差距，高等教育亦容易形成另一種控制、壓迫的合法化政治工具，變成另類性別教育機會不均等。

二、性別教育機會均等的概念

性別教育機會均等概念之界定，基本上至少需滿足「輸入」、「過程」與「結果」等三方面的條件。

（一）入學機會均等

即不分男女，皆獲得充分的入學機會，接受一定的基本教育，且必有一定的學力程度。

（二）學習機會均等

指在受教過程不因性別而受到任何歧視，在必要時並享有積極的差別待遇。

（三）教育結果均等

指不因性別階層化現象，每個人皆能依其資質差異、潛能而獲得充分之發展及公平之預期效應。

由此可知，性別教育機會均等係指男女在入學機會、教育過程（包含教育內容、教育型態、教育資源等）及教育結果上的均等，並且在義務教育階段，其受教權必須得到充分的保障，不因性別而有任何差異。

三、如何落實性別教育機會均等

性別教育機會均等理念，需透過下列學校教育的革新與實踐方能落實：

（一）打破選讀就讀入學的障礙

不管是理工或文科，甚至就讀高等教育，皆應建立男女皆可選讀的觀念。

（二）檢視教科書中的性別偏見與歧視

關於教科書中對性別社會角色的描述，應避免性別分化、偏見或刻板印象的情形。

（三）提供適性化的課程與教學

性別教育機會均等的課程與教學，必須以學生為主體，在進行教學時，應依學生性別在人格特質、學習風格上的差異，進行適性的教學，以達成性別的適性發展。

（四）避免教學互動過程的差異現象

教師在教學過程中，應避免製造兩性失衡的學習機會，降低女性課堂參與的比例；在分派工作方面，亦應避免製造性別區隔的現象。

（五）消除學生之間的刻板印象

教師應積極消除勞工階級學生所建構的傳統男尊女卑的性別文化，提供學生自由討論、批判階級性別文化的機會，以培養學生性別平等的觀念。

學習機會
均等

入學機會
均等

教育結果
均等

性別教育
機會均等
的概念

提供適性化的
課程與教學

檢視教科書中的
性別偏見與歧視

避免教學互動
過程的差異現象

打破選讀就讀
入學的障礙

如何落實
性別教育
機會均等

消除學生之間
的刻板印象

Unit 5-10
族群議題的概念、內涵與理論

一、族群的概念與種類

族群（ethnic group）指在社會中某一團體內的成員，因持有共同的文化、擁有某些資源，而被賦予某一特定的社會地位，展現某種文化特質的次級團體。

客觀的生理與文化特質，如膚色、語言、宗教等，乃構成族群必要的、基本的條件。然而，在一個國家中，亦不能忽視文化的「相似性」與「差異性」所構成的族群基礎條件。通常具相似性文化，可組成同一族群；具差異性文化，則出現在此族群與其他不同族群之間。

另外，若某一些族群由於「經濟收入」、「社會競爭力」或「權益保護」等原因而處於不利地位，稱為「弱勢族群」（vulnerable group），如原住民、新臺灣之子、新住民；反之，則稱為「優勢族群」（majority group）。若某一些族群在社會中，因政治和經濟的壓抑與宰制而受到不公平待遇，則稱此團體為「少數族群」（minority group）。

面臨全球化與地球村時代的來臨，不管合法或非法之移民，或多或少皆為各國帶來一些諸如「衝突」、「對立」、「婚姻」、「失業」、「犯罪」、「教育」等族群的社會問題。

二、族群議題的內涵

通常相同文化族群經由與其他族群團體互動的過程，會產生一種「社區式」的自我群體認同的感覺，此種「我群」的自我認同即「族群中心主義」（ethnocentrism）的重要基礎。不過，族群中心主義亦會衍生「偏見」與「歧視」，也往往是造成族群衝突的導火線。

其次，在任何社會的族群團體，會因社會地位的排序而構成「族群階層」的現象，此種族群階層亦可能會阻礙族群的社會流動與資源分享，造成族群間的衝突與對立。

此外，若社會中的少數族群完全參與或融入主流社會，但仍保留其許多的社會和文化差異，則屬多元文化社會。

三、族群互動的理論

在探討族群互動過程中，經常引用的理論包括以下兩個：

（一）「符號互動理論」（symbolic interactionism）

在族群「自我認同」及「我群」概念的建構過程中，常以「自我概念」（self-conception）來解釋。Mead主張每個人皆有「主觀我」（第一人稱的我）、「客觀我」（第三人稱的我）等兩個自我；當我們與他人互動時，可以經由解讀他人的姿態或理解他人對我的觀點，而獲得「我是誰？」或「我是怎樣的人？」的印象。

（二）「觀看鏡中的自我」（looking glass of self）

Cooley使用「觀看鏡中的自我」來詮釋自我概念的塑造過程。當我們與他人互動時，可以從他人所表達的語言、姿態、行為中觀察到自我的倒影。因此，他人對我的觀點或評價就好像一面鏡子，成為我們建構自我概念的要素。

族群的概念與種類

概念	基本條件	其他條件	弱勢族群或少數族群
社會中某一些團體，因持有共同文化及擁有某些資源，而被賦予某一特定社會地位而展現某種文化特質的次級團體。	客觀的生理與文化特質，如膚色、語言、宗教等。	相似性文化，可組成同一族群。 差異性文化，則可區別不同族群之間的群性。	因「經濟收入」、「社會競爭力」或「權益保護」等原因而處於不利地位，稱弱勢族群。 差異性文化，則可區別不同族群之間的群性。

符號互動理論：
1.在建構過程常以「自我概念」來解釋。
2.Mead以「主觀我」（第一人稱的我）、「客觀我」（第三人稱的我）等兩個自我來解讀。

族群互動理論

觀看鏡中自我論：
1.Cooley使用「觀看鏡中的自我」來詮釋自我概念的塑造過程。
2.當我們與他人互動時，可從他人所表達的語言、姿態、行為，觀察自我的倒影。

Unit 5-11
政治議題與教育發展之關係

一、政治與教育的關係

自古以來，各國的統治階級經常透過合法化的政治系統來控制教育，達成其「教化人心」與「社會控制」之目的。因此，在現代國家的教育，政府透過法令形式來控制教育主權，各種教育活動的實施皆依據國家法令，以貫徹國家的教育意志。

然而，不同體制的國家，其教育內容即有很大之差異。譬如，民主體制國家的教育主張以「學生為中心」，比較強調自由、民主與開放；極權專制政體的教育，則以培養「服從之國民」為目的，政府強制介入教育活動的實施。

二、教育的政治功能與影響

在一般人的概念中，教育與政治應該是分離的。近幾十年來，學校中存在一些「反政治化」、「非政治化」的氛圍，如「教授治校」、「大學校長遴選」、「學術自由」等發展，即可理解。然而，政治對教育也並非完全毫無益處，從結構功能論而言，學校教育對於維繫社會結構與社會秩序之安定，扮演非常重要的功能。茲說明如下：

（一）推動政治的民主化

教育可培養人民有關民主政治的知識、態度、行為、價值、思想與素養，有助人民瞭解自己在民主政治所扮演的義務與角色，加速政治民主化之推動。

（二）促進政治穩定與整合

人民經由學校教育過程，學習政治價值觀、權利與義務、政治行為模式，並培養理性，尊重法治精神，容忍與接納不同聲音，則有助政局的安定與整合。

（三）培養未來的政治菁英

我國古代科舉制度，教育即具有選拔與培養政治菁英之作用。無庸置疑地，學校教育乃建立統治階級的基礎與合法化的理由，從世界各國政府的領導人才，皆透過「名牌高等學校」培養政治領袖與菁英，即可獲得證實。

三、政治權力對教育的影響

「不含政治性的教育是一個神話！」政治即人們如何獲取、使用或失去權力（power）的過程與機制。法國的傅柯（Foucault, 1977）指出，權力是屬於一種生產關係，乃是一種對他人行動產生影響的行動模式，其與自由乃彼此作用而非互斥的，甚至在某些情況下，自由成為權力運作的條件。此外，Foucault（1977）認為，權力與知識亦具有生產關係，權力鼓勵知識，而知識又以其權威來助長權力。

政治權力除對學校教育產生直接或間接之影響，學校的教師也經常透過權力運作模式來實施教學活動。如教師們常運用「法理權威」（legal-rational authority）來進行其日常的教學工作。而法理權威又可分為「制度權威」（institutional authority）和「專業權威」（professional authority）；制度權威即法令賦予教師資格進行施教；專業權威則係依據教師個人專業能力與條件所建立之權威。

政治

透過合法化的政治系統來控制教育，遂行「教化人心」與「社會控制」之目的

教育

促進政治的
穩定與整合

推動政治
民主化

培養未來
政治菁英

教育的
政治功能

傅柯

不含政治性的教育是一個神話！Foucault（1977）認為，權力與知識亦具有生產關係，權力鼓勵知識，而知識又以其權威來助長權力。

Unit 5-12
不同政治思想與教育的發展

一、前言

自古以來，教育的發展，即與政治息息相關。事實上，教育並無法完全擺脫政治的干預或影響，甚至可能主導教育發展的走向；然而，不同的政治思想有不同的教育主張，而教育始終亦是不同政治意識型態或哲學思想的戰場，也深深反映出當代政治思想的核心價值。

二、不同政治思想的教育發展

茲將不同政治思想主張，說明如下：

（一）古典自由主義思想的教育

此派主張政治與社會制度，皆為實現個人的目標與理想，因此，國家應尊重個人教育的自由，減少教育制度的干預及束縛，以促進個人未來發展，而提出「言論自由」、「信仰自由」、「思想自由」和「自由市場」等古典自由主義思想。

（二）馬克思主義思想的教育

此派觀點相當多元，但皆認為教育乃資本主義社會統治階級維持其階級利益之工具。首先，義大利Gamsic（1971）提出「文化霸權」概念，國家透過非強制性和非壓迫手段的教育潛在控制運作，傳遞統治階級的價值文化，以宰制被支配階級的意志。

其次，法國Althusser（1971）提出意識型態的物質性概念，認為現代國家社會即巧妙地運用「意識型態的國家機器」（ideological state appratuses），來傳遞資本主義的教育思想，有系統地干預及扭曲教育思想。再者，美國Apple（1993）從批判理論的觀點，主張教育

並非價值中立的事業，即學校在傳遞「誰」的知識最有價值之爭議論述。

（三）社會改革主義思想的教育

此派思想可溯源於1930年代「凱因斯革命」（Keyensian revolution）的新經濟理論，主張「國家介入」、「社會福利」，以確保人民福利與基本需求，相較於自由主義，屬於偏左立場。因此，在「國家－教育」關係下，承擔更多的教育責任與義務，雖然延長義務教育的時間，撥款補助教育發展，但也相對強化國家對教育政策與目標的制定與左右。

（四）新自由主義思想的教育

此派思想係因凱因斯經濟理論推行數十年後，各國政府面臨經濟困境與資源緊縮等問題而提出的。此派主張以全球化為市場，承襲弗利曼（M. Friedman）和海耶克（F. Hayek）的理論，強調低限度國家和反對政府過度干預。在教育上推行的「教育市場化」、「學校私有化運動」、「教育選擇權」、「學校本位自主管理」、「教育券」等，皆屬此派的主張。

（五）新保守主義思想的教育

此派思想崛起係回應美國詹森總統「大社會」計畫的失敗及越戰的失利，再加上「911」恐怖攻擊事件，而使此派思想更加地大行其道。此派主張由國家控制知識與價值，強調傳統與權威，實施統一的國家課程和測驗，培養公民意識及進行道德核心價值教育。不過，此派卻有強化主流意識型態教育的霸權地位之虞。

不同政治思想的教育發展

古典自由主義	馬克思主義	社會改革主義	新自由主義	新保守主義
國家應尊重個人教育的自由，減少教育制度的干預及束縛	教育乃資本主義社會統治階級維持其階級利益之工具	主張「國家介入」、「社會福利」，以確保人民福利與基本需求	強調低限度國家和反對政府過度干預	主張由國家控制知識與價值，強調傳統與權威，實施統一的國家課程和測驗，培養公民意識及進行道德核心價值教育
主張「言論自由」、「信仰自由」、「思想自由」和「自由市場」	提出「文化霸權」概念	在「國家－教育」關係下，承擔更多的教育責任與義務	推行「教育市場化」、「學校私有化運動」、「教育選擇權」、「學校本位自主管理」、「教育券」等	

Unit 5-13
經濟功能與教育發展的關係

一、經濟與教育的關係

經濟即「生計」，主要探討「勞動與分工」、「交換與分配」等問題。經濟制度與教育制度皆為社會制度之一環，「功能論者」提出「人力資本論」（human capital theory），主張教育即是一種「投資」（investment），透過投入資本及運用教育力量，可以有效增進國民的人力素質，進而促進國家經濟之發展，此乃教育與經濟之間密切關係的最佳寫照。

其次，Marx從衝突論觀點，提出「經濟決定論」（economic determinism），主張經濟基礎決定上層建築之基礎，上層建築對經濟基礎具有能動的反作用。

此外，Bowles和Gintis延續Marx的經濟決定論，認為學校是一種「地位分配機制」，提出「社會再製理論」（theories of social reproduction），強調學校教育係維持並增強現在社會與經濟秩序的機制，並非促進社會公平與正義，而是再製社會階級的工具，維持資本主義社會不平等的關係；不同階級有不同的教育方式，呈現出不同的認知方式，菁英分子進入「初級勞動市場」，實施高等教育，強調獨立、自主的價值；勞工階級子女以進入「次級勞動市場」為主，被教育成規則的服從者。

二、教育的經濟功能

投入教育的經濟資本，可促進個人效益及社會經濟效益，分別說明如下：

（一）教育與個人效益

從「理性選擇論」而言，個人是否繼續或放棄下一個階段的教育，取決於「收入效益」、「投入成本」、「地位下降」、「失敗風險」等四者之關係。

從過去相關研究顯示，高教育水準及特殊技能者的收入會比較高，即說明人力資本投入可提高其在人力市場之價值，並與未來收入成正比關係。然而，近幾十年來在高教大量擴充下，學生素質不斷地下降，是否仍保有此關係，則令人相當存疑與好奇。因此，教育投資在實際層面，仍存有教育投資的風險與不確定性。

（二）教育與社會經濟效益

教育投資是否必然造成社會整體的成長與發展？教育與經濟之間是否具有互為因果之關係？從過去相關研究顯示，提升教育水準，可提升經濟成長率、提高儲蓄率、促進物質生產率、降低犯罪等。教育擴充導致畢業人數增加，因此經濟是因，教育擴充是果；若帶動平均國民所得提高，並提供經濟發展的人力，則此時，教育產生是因，經濟發展是果。

不過，當教育經費面臨全球化競爭及受經濟蕭條或泡沫化之影響，以致經費嚴重短絀時，政府為因應此情況，依據市場運行機制與規律，以提高教育系統效率，重整與調整學校組織和管理結構，而推動諸如「教育市場化」、「教育產業化」等教育改革方案，以持續提升國家教育的競爭力與人力素質。

教育與經濟的關係

基本概念

經濟即「生計」，主要探討「勞動與分工」、「交換與分配」等問題

功能論

提出「人力資本論」，主張教育即是一種「投資」

Marx的衝突論理論

主張經濟基礎決定上層建築之基礎，上層建築對經濟基礎具有能動的反作用

Bowles和Gintis的理論

認為學校是一種「地位分配機制」，提出「社會再製理論」

教育的經濟功能

教育與個人效益
高教育水準及特殊技能者的收入會比較高。

教育與社會經濟效益
提升教育水準，可提升經濟成長率、提高儲蓄率、促進物質生產率、降低犯罪等。

Unit 5-14
青少年文化與教育的發展

一、青少年文化與教育的關係

青少年所流行的文化，通常包括「主流文化」（mainstream culture）、「次文化」（subculture）、「反文化」（counter-culture）等。其中，「次文化」對學校教育的實施與發展，不可諱言地具有某種深的程度之影響。

通常「主流文化」的價值、規範、角色、地位和期待，為多數青少年所認同與接受，如：「勤奮向學」、「見賢思齊」、「團結合作」、「負責盡職」、「冒險」等；其次，「次文化」即某些青少年次級團體（subgroup），為滿足生理與心理的需要，而發展適合自己生活獨特價值或特殊的文化，屬於社會變遷的新產物，如：「崇拜偶像」、「哈日風」、「哈韓風」、「迷臉書」、「玩線上遊戲」、「玩開心農場」等；「反文化」則指某些青少年次文化與當代主流社會的價值、標準及生活方式相衝突，如美國1970年代「嬉皮文化」。

二、青少年次文化的特徵與形成

一般而言，青少年次文化具有四種特徵，包括：「是社會變遷之新產物」、「屬橫斷性次文化」、「乃同齡同質之次文化與行為模式」、「寄宿於主流文化之下」等。

通常造成青少年次文化的原因相當複雜，大致皆肇因於「對社會的不滿」，反抗成人的「形式主義」、「教條主義」，喜歡追求「非功利主義」及樂於「自我表現」的趨向等。

至於解釋有關青少年次文化形成之理論，則可分為三者，茲分別說明如下：

（一）世代解釋論：即次文化形成係因年齡差異所造成之「代溝」（generation gap）。

（二）結構解釋論：係從社會階級、地位、結構因素來探討次文化的形成。

（三）後次文化論：係指青少年次文化形成多為小規模的社群認同，是來自風格、文化品味的消費與認同所導致。

三、青少年次文化的功能

青少年次文化對學校教育扮演兩種功能，茲分別說明如下：

（一）正向積極功能

1.協助社會化，使青少年得以從家庭走向社會，從保護到獨立自主。

2.滿足安全與自由需求，以宣洩舒緩壓力，即逃離成人之限制。

3.紓解對社會現實的不滿，以滿足青少年反抗權威的期待。

4.協助適應學校生活並尋求自我認同感。次文化提供參照行為標準，藉由認同的參照團體，產生潛移默化之效果。

5.滿足社會歸屬感，獲得同儕的共鳴，真實表達自我。

（二）反向消極功能

1.反智主義，即「低成就」、「作弊」等背離知識成就取向之價值行為。

2.偏差行為，即違反學校規範的價值觀與行為，如：「反抗行為」、「中輟」、「飆車」、「吸毒」等。

青少年文化的類型

主流文化

為多數青少年所認同與接受的價值、規範、角色、地位和期待

次文化

某些青少年次級團體，為滿足生理與心理的需要，而發展適合自己生活的文化

反文化

某些青少年次文化與當代主流社會的價值、標準及生活方式相衝突

青少年次文化的特徵與形成

青少年次文化的特徵

- 社會變遷之新產物
- 橫斷性次文化
- 同齡同質之次文化與行為模式
- 寄宿於主流文化之下

次文化形成的原因

- 對社會的不滿
- 反抗成人的「形式主義」和「教條主義」
- 追求「非功利主義」及樂於「自我表現」的趨向

解釋次文化形成的理論

- 世代解釋論
- 結構解釋論
- 後次文化論

第 6 章

課程的原理

　　課程理論乃教育學的一個分支，主要在探討課程設計、課程內容編制和課程改革等方面，使教師瞭解實施課程時，要依據哪些原理原則，及選擇什麼課程內容。

　　然而，課程理論並非在真空中憑空產生的，透過理解當代某些關鍵典範人物的課程思想與價值取向，可讓我們深入理解當代課程理論的發展走向。因此，本章選擇一些具有代表性的重要影響人物，將其理論與思想說明之。

Unit **6-1**
現代課程理論的分析

一、課程由靜態走向動態

「課程」一詞並非舶來品，朱熹曾說：「寬著期限，緊著課程」（施良方，1997）。課程意義隨著時代的變遷，已從單一走向多元概念的發展。「課程」一詞在西方最早係衍生自拉丁語「currere」，視為「名詞」，即「跑馬道」（race-course）之意，視課程為「事實」（facts）或「產品」（products），如將課程視為目標、文本、科目、計畫、經驗、學習結果等。

近代課程受改革思潮影響，課程也被視為「動詞」，指在跑馬道上奔馳；課程即「實踐」（practice or praxis）過程，代表師生互動所建構的活動過程。甚至將其視為「動名詞」，課程代表學生整個學習過程的生活經驗，如將課程視為社會文化的再生產、社會改造和研究假設。

二、課程理論的重要性

課程理論即課程實施所依據的原理原則，其目的在於描述、預測、解釋與控制以導引課程的發展。課程理論即探討課程應該「是什麼」、「為什麼」、「如何成為這樣」等層面之問題。

課程理論重不重要，從學者提出「誰在乎課程理論？」（周淑卿，2002）和「誰能不在乎課程理論？」（歐用生，2003），對課程理論之分析，其重要性不言而喻。

教師對課程理論的忽略或疏離，其來有自！當教師實施課程時，若僅在乎能否順利進行或課程產品的產出，並未關心是否合乎理論技術，當然會覺得理論過於抽象且難以理解。

若教師覺知自己的課程意識、喚醒自己的課程理論，對課程理論有深入正確的理解，依據實際情境適當地轉化課程理論，並建構出自己的課程觀點或模式並加以實踐，則非常有助於調和或減少課程理論與實務之間的差距。

三、現代課程理論的多元取向

課程理論並非在真空中，憑空產生的，皆隱含某種課程思想與價值取向。因此，其理論取向亦呈現多元而複雜的現象，茲舉例如下：

（一）施良方（1997）指出，二十世紀中葉以後，現代課程理論主要有三個派別，即「學科結構課程理論」（重視知識體系本身的邏輯程序和結構）、「社會改造課程理論」（關注知識體系及當代重大社會議題）、「學生中心課程理論」（以學生的興趣、愛好、動機、需要、能力、態度等為基礎來編製課程）等。

（二）Pinar, Reynolds, Slattery, & Taubman（1995）將1981年以前的課程領域，分成「傳統主義」（traditionalism）、「概念經驗主義」（conceptual-empiricism）、「概念重建主義」（reconceptualism）等。

（三）另有許多學者從課程研究取向將其分為「精粹主義」（學科中心）、「經驗主義」（學生中心）、「社會行為主義」（社會取向）、「科技主義」（目標取向）等（李子建和黃顯華，1995；黃政傑，1991；歐用生，1982；Eisner, 1994）。

「課程」一詞並非舶來品！朱熹曾說：「寬著期限，緊著課程！」

1. 「課程」在西方最早衍生自拉丁語「currere」，為「名詞」，即「跑馬道」（race-course）之意。

2. 西方將課程視為目標、文本、科目、計畫、經驗、學習結果等。

3. 近代受改革思潮影響，課程也被視為「動詞」，指在跑馬道奔馳，即「實踐」過程，代表師生互動所建構的活動過程。

Unit 6-2
學校課程的實施與結構

一、前言

教師實施課程時，需瞭解課程實施與課程結構的因素，以減少不利因素之影響及有效提升課程的效果。通常課程結構的設計愈詳細愈好，愈容易實施，效果也愈顯著。教師在課程實施上應扮演「傳遞者－催化者－發展者」的多元化角色，方有利於課程實施。

二、課程實施的取向

課程實施係指將課程計畫付諸實踐的過程，乃達到預期課程目標的基本途徑。Synder, Bolin, & Zumwalt（1992）提出課程實施的三種觀點，茲說明如下：

（一）忠實觀

主張課程實施過程即忠實（fidelity）地執行課程計畫的過程。

（二）調適（adaptation）觀

認為課程實施過程乃課程計畫與班級或學校實踐情境在課程目標、內容、方法、組織模式等方面相互調整、改變與適應的過程。

（三）演示（enactment）觀

認為課程實施是教師與學生聯合創造教育經驗的過程。

由此可知，課程實施乃「結果－過程－經驗」的覺知發展過程。

三、課程的結構

（一）正式（formal）課程

即學校明訂「每位教師要教，每個學生要學」的課程，需依照時間表上課，屬於正式規定，有督導與控制機制。 通常國家為達「課程控制」（curriculum control），皆會制定課程標準或課程綱領，要求學校依照實施。依各國教育權分配狀態的不同（中央集權或地方分權），學校也擁有不同的彈性。

（二）非正式（informal）課程

即以學生活動為主的學習經驗，較少採用正式課程的教學型態，受到的控制較少，學校的自主性較大，對於學生的影響比較自然、間接，諸如學校的運動會、園遊會、社團、戲劇表演、舞蹈、展覽、朝夕會、展覽、慶典活動等。

（三）潛在（hidden）課程

學校在正式及非正式課程之外，仍有許多的學習經驗，屬於有意設計或無意發生的，甚至是有利的或有害的，卻隱藏在教師教學與學校情境中，使學生在不自覺之下不斷地受到影響。

（四）空無（null）課程

又稱「懸缺課程」，即學校「沒教卻應該教」的課程。Eisner（1979）曾探討學校「不教什麼」的課程內容；Apple（1979）認為學校的科學和社會內容，只教和諧面而不教衝突面，這些衝突面即屬相關的「空無課程」，如過去禁止說「母語」，歷史課本故意忽略「二二八事件」等。

（五）空白（vacant）課程

又稱「彈性課程」，即不指定授課科目及內容，由學校與教師視實際需要，彈性設計符合學生需要的學習活動，例如，九年一貫中20%的彈性課程。

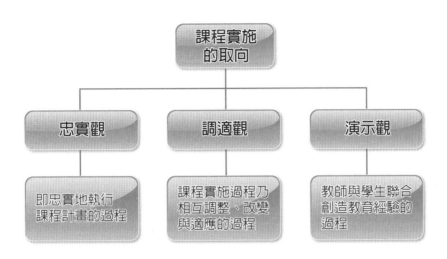

Unit 6-3
Goodlad 等人的五種課程結構

一、前言

教師在實施課程時，由規劃、設計、實施到學童的經驗，經歷專家學者、政府、教師和學生等不同層次的「轉化」。若要順利將學科教學知識轉化，減少或縮短課程實施層級的落差，仍需理解及關注課程實施層級的結構問題，並適時提醒教師，在覺知及運作課程層級的詮釋、理解與轉化的重要性。

二、Goodlad等人的五種課程結構

Goodlad, Klein, & Tye（1979）從課程的「層次」來探討課程實施，共可分為「理想的」（ideal curriculum）、「正式的」（formal curriculum）、「知覺的」（perceived curriculum）、「運作的」（operational curriculum）、「經驗的」（experiential curriculum）等五個結構層次，茲說明如下：

（一）理想課程

課程被視為理想的（ideal）或模範的（exemplary），乃因其預期課程採用時將會面臨某一些問題，同時也反應社會政治中「給與取」的過程，因而又稱為「理念課程」。理想課程的設計者，可以是個人、基金會、政府或利益團體所成立的委員會等，此種課程的影響，取決於官方是否採納。諸如多元文化課程、資優教育課程、生涯教育課程等皆屬之，僅當其被採用或接受時，才能發揮出來。

（二）正式課程

「正式課程」乃「理想課程」經由官方批准後所呈現的課程。所謂官方，即州和地方教育董事會同意或認可，藉選擇或命令的方式，由學校或教師採用，以書面形式出現；例如，課程指引、課程大綱、教科書、學習單元等。

（三）知覺課程

正式課程未必成為各種旨趣的人或團體所知覺，而知覺課程乃屬「心智課程」（curriculum of the mind），家長或教師對於課程內容的知覺，不一定與官方課程一樣。教師能知覺學生們特定的需要和興趣，所教的才具有意義，儘管家長不見得認同學校所教的。

（四）運作課程

運作的課程，其實也屬於一種知覺的課程。教師對於課程在教室中應該如何呈現的知覺，與他實際進行教學的情況可能是相當不同的，即教師在班級教學時實際執行的課程。在教室和學校中實際發生的課程，和教師所知覺的課程是不一樣的。

（五）經驗課程

即學生經驗到的運作課程，或學生實際學習或經驗的課程。學生是具有主動學習的個體，由各種學習活動中尋找自己的意義，建構自己的經驗，自我抉擇與創造，絕非僅只是接受的容器而已。因此，兩位學生上同一門課，將會有不同的體驗或學習經驗。

理想課程		
正式課程	Goodlad 等人的五種課程結構	
知覺課程		
運作課程		
經驗課程		

理想課程	正式課程	知覺課程	運作課程	經驗課程
• 理想的（ideal）或模範的（exemplary） • 又稱為「理念課程」	• 乃「理想課程」經由官方批准後所呈現的課程 • 藉選擇或命令的方式，由學校或教師採用	• 乃屬「心智課程」 • 教師能知覺學生們特定的需要和興趣，所教的才具有意義	• 屬於一種知覺的課程 • 教師在教室中如何呈現的知覺，與實際進行教學的情況可能是不同的	• 即學生經驗到的運作課程，或學生實際學習或經驗的課程 • 學生能建構自己的經驗，自我抉擇與創造

Unit 6-4
Brophy 的課程轉化理論

一、前言

Brophy（1982）提出課程實施轉化的概念，係指在課程實施的過程中，經由相關的「利害關係人」（stakeholders）進行不斷的縮減、曲解或增加部分之過程，而使課程層級之間呈現出相同與差異之處。換言之，教師應特別注意課程層級之間可能產生的差距問題，適時運用課程轉化概念並彈性調整因應，方能將抽象的「形式課程」，順利轉化為具體的「實質課程」。

二、Brophy的課程轉化理論

（一）正式課程（A）

代表州或地方層次的課程，乃官方採用的或原先的意圖課程（intended curriculum）。

（二）詮釋正式課程（$A - A_0 + B$）

校長或教師委員會引進正式課程，並會對官方課程進行詮釋而進行局部改變，即從官方課程刪除（A_0）部分，增加（B）部分，而成為學校層次的課程。

（三）學校採用課程（C）

即學校正式採用的，且含有非官方性質，也屬於正式的課程。

（四）教師詮釋學校的課程（$C + D - C_0$）

當教師接到學校層次所採用的課程（C）時，也會對其進行解釋。教師個人依據對學生的偏好與學生實際需求之信念為基礎，會刪除（C_0）部分，而增加（D）部分，進而產生教師的意圖課程（E）。

（五）教師預定採用課程（E）

教師預定採用課程$(E) = C + D - C_0$，與被採用的官方課程（A）與非官方課程（B），彼此之間仍有所不同。

（六）教師實際教學實施的課程（$E + F - E_0$）

教師使用曲解或錯誤的方式所教導的課程F，這與原先正式的課程A和非正式的課程B之間，已經有所差異。

（七）學生經驗的課程

學生真正學習到的課程，是經過一些縮減與扭曲後的課程，最後僅學習到一小部分原來的「意圖課程」。從最上級單位（此指「州」或「地方」）的官方正式課程在教室中實施，至學生所經驗到的課程部分為止，僅剩下E_1中的一小部分會與原官方課程A的內涵有重疊。

三、小結

Brophy（1982）認為各個層級的課程在轉化過程中，會產生縮減一部分與增加一部分課程的現象，而透過教學的實施，課程內容會產生轉化，並呈現豐富、多元的面貌。

所以，由州或地方層級採用的官方課程，到校長接受、學校採用及教師的採用調整與轉化後，至學生所接受的課程，實際上是存在某種程度的差距，這也顯示教師在課程與教學實施的角色上，掌握課程的理解、詮釋、實施與轉化的絕對性與主導權利。

1.在州或地方層級採用的官方課程(A)。

2.校長或教師委員會引進並局部改變，其中包括從官方課程刪除(A_0)，增加(B)。

3.學校層級採用的課程(C)＝(A)＋(B)－(A_0)。

4.教師進一步改變學校層級課程(C)，經由刪除(C_0)，增加(D)，這是建立在教師個人對學生的嗜好與信念基礎上。

5.教師產生的預定課程(E)＝(C)＋(D)－(C_0)，與被採用的官方課程(A)與非官方課程(B)不同。

6.教師實施的課程即(E)－（E_0）＋（F）

7.實際教給學生的教材，不管是正確(E)或不正確(F)，某些將被學習或保留在(E_1, F_1)，某些被教的簡略或含糊的提供學習記憶力(E_2, F_2)，當學生經過之前錯誤的概念(E_3, F_3)，一些將被學生曲解。這個剩下部分只有(E_1)是預定課程(E)呈現成功的教學。

A		

A_0	A	B

C		

C_0	C	D

E		

E_0	E		F	
	E_2	E_1	E_3	F_3	F_1	F_2

Brophy 的課程轉化圖

資料來源：引自 Brophy,1982,p4

1.「課程」轉化過程，stakeholders會產生增加、刪減、簡化、縮減等情況，而使課程層級之間呈現出相同與差異之處！

2.教師應特別注意課程層級可能產生差距，適時運用課程轉化概念並彈性調整因應，方能將「形式課程」，順利轉化為「實質課程」！

Unit 6-5
John Franklin Bobbitt 的課程思想

一、Bobbitt課程思想的背景

Bobbitt（1875-1952）素有美國「課程之父」之稱，與Dewey皆在美國課程界被奉為圭臬；其主張使用客觀的科學方法，以有效率地解決一切的教育問題，而使課程研究成為一個專門的領域。

Bobbitt於1918年出版《課程》（The Curriculum）一書，為課程理論及課程設計奠定基礎並樹立新的里程碑。該書借用工業管理的「活動分析法」（activity analysis）於課程編製上，並以「建造鐵路」來比喻課程編製工作的進行，乃最早的「科學化課程」或「課程工學」取向的課程。

Bobbitt受到F. W. Taylor效率的影響，主張「效率」、「標準」與「專業化」，其科學化課程理論，並以「社會本位」、「成人本位」、「教材本位」等概念為基礎，期待能為課程領域建立一些具體的設計操作模式。

Bobbitt將教育歷程比喻作工廠生產歷程，承襲英國Spencer的教育思想，認為教育功能在於預備個人未來美好的生活。而其科學化課程理論，將學校視如工廠，學生當作原料，理想成人為成品，教師則為操作員，而課程即可轉變原料為成品的東西。因此，在課程編製上，需要對人類社會活動進行分析，將社會所需要的知識、技能、能力和態度等，作為課程編製的基礎。此種機械主義的觀點，實際上與心理學行為主義強調刺激與反應的連結，有不謀而合之處。

二、Bobbitt課程思想的主張

Bobbitt強調課程發展，即在於透過科學的方法與技術，事先訂定特定目標與精確標準的手段，並以能否達到預期目標來判斷是否為成功的課程。

（一）教育為未來生活的預備

在「如何編製課程」中指出，教育基本上是為完美的成人生活，而非為了兒童生活而準備。

（二）將教育比喻為「生產」

將兒童當作原料，學校是工廠，教師是操作員，成人是成品。

（三）課程設計採用「活動分析法」

經由活動分析法找出人類生活十個領域的能力，以作為課程設計的基本範圍與分類。

三、Bobbitt課程思想的批判

Bobbitt主張以教育的有效率方式，將學生塑造（shaping）成社會需要的理想成人。不過，此主張卻可能衍生以下幾個問題：

（一）此種理性化課程的知識，長久以來即被視為一種執行「社會控制」與特定「意識型態」的行動，Bobbitt和Charters即普遍被公認為始作俑者。

（二）Bobbitt主張教育目的主要在培養成人生活，卻未思考其背後可能忽略了什麼，尤其是學生的學習需求。

（三）教育除要讓學生替成人生活作好準備外，是否還有其他看法或主張呢？值得我們慎思熟慮！

1. Bobbitt於1918年出版《課程》（The Curriculum）一書，為美國「科學化課程」的濫觴！
2. 「科學化課程」主張「效率」、「標準」與「專業化」，其科學化課程理論，並以「社會本位」、「成人本位」、「教材本位」等概念為基礎！

Bobbitt課程思想的主張

1
教育為未來生活的預備

2
將教育比喻為「生產」

3
課程設計採用活動分析

Unit 6-6
Ralph W. Tyler 的課程思想

一、Tyler課程思想的源起

Ralph W. Tyler（1902-1994）素有「教育評鑑之父」和「現代課程理論之父」之稱。1929年的「經濟大蕭條」（Great Depression）震撼資本主義世界，產生許多嚴重的教育問題，也對學校課程提出嚴峻的挑戰。因此，Tyler於1930年代起進行「八年研究」（The Eight-Year Study），比較傳統學校與進步學校的高中及大學生的表現，並提出「Tyler原理」（The Tyler rationale）。

Tyler（1989）認為教育是一個有意圖的活動，課程改革無法在短時間內速成，應有足夠時間才能完成有效的課程改革。Tyler非常重視課程目標，以「技術旨趣」取代Bobbitt的「效率取向」，因而以目標模式的課程設計、目標為導向的課程評鑑，知名於教育界。

二、Tyler課程思想的主張

Tyler經過「八年研究」之後，於1949年提出「課程與教學的基本原理」（basic principles of curriculum and instruction），揭示教師在設計課程時，需遵守的四個基本原則，雖遭致不少批評，但卻陳顯出課程設計的主要部分：

（一）目標（stating objectives）

即學校所期望達到的「教育目標」（educational purposes）為何？強調課程有方向性、可預期性與可控制性。

（二）選擇（selecting experiences）

即學校可以提供什麼教育經驗，以達到這些目標。

（三）組織（organizing experiences）

即教師如何有效地組織這些教育經驗，以有效強化與整合不同學習經驗。

Tyler認為課程發展是一個技術理性與直線模式，且非固定、機械的富創造性的持續不斷之過程。

（四）評鑑（evaluating）

即教師如何確定這些目標已經達成。評鑑並非目的，而是達到目標的手段而已。

三、Tyler課程思想的批判

譽謗相隨，Pinar、Apple等人認為Tyler原理乃師承自Bobbitt的科學化課程思考，限制和忽略對課程的反思與批判，因而認為有必要進行「概念重建」（reconceptualize），讓課程起死回生。

（一）屬於技術取向的課程思想

Tyler恪守傳統的技術取向與科學理性，與科學管理站在同一陣線，避談目標的合法性與意識型態，僅重視效率的、預測的、控制的「工學模式」，且在中立的、技術的偽裝之下，易助長種族、階級與性別優勢者的勢力。

（二）迴避課程價值判斷的問題

將課程設計選擇的難題拋給教師，尤其對課程價值的判斷及選擇之問題，缺乏教育的倫理思維。

（三）缺乏課程的反思與批判

過於工具理性的課程思想，忽略學生的自主與解放層面，以及教室情境中的師生互動教學歷程，容易造成未達目的而不擇手段的問題。

目標 → 即學校所期望達到的「教育目標」

選擇 → 即學校提供什麼教育經驗以達到目標

組織 → 即教師如何有效地組織這些教育經驗

評鑑 → 即教師如何確定這些目標已經達成

Tyler的重要貢獻
1. Tyler素有美國的「教育評鑑之父」
2. Tyler於1930年代起進行「八年研究」，並提出「Tyler原理」（The Tyler rationale）

Tyler課程思想的批判
1. 屬於技術取向課程思想
2. 迴避課程價值判斷問題
3. 缺乏課程的反思與批判

Unit **6-7**
Joseph J. Schwab 的課程思想

一、Schwab課程思想的源起

　　Schwab與Bobbitt、Tyler號稱為美國課程領域的三巨頭，其課程「實用典範」思想，為課程概念的重整敲響了第一鐘，自有其不可磨滅的思想與重要地位。Schwab是促使美國課程領域起死回生，走向「概念重整」的重要靈魂人物，其思想的孕育與形成自有其特殊的時空環境與背景，他提出實踐藝術、折衷藝術與課程慎思的觀點來解決課程領域理論化的問題，值得我們深入探索與再概念化，以獲得對課程研究重要的啟示。

　　Schwab思想形成受到Aristotle、John Dewey、R. McKeon、R. M. Hutchins等人思想的影響，其學習歷程橫跨文學、教育與生物等領域的學習，因而能以異於一般人的視野來看待課程領域的發展。特別當課程領域發展至盡頭而產生危機時，他應用生物學演化觀點來思考與看待課程領域未來發展的方向，而開啟課程領域在1970年代概念重整的新契機，實是一個重要轉折的原因。

　　課程不是只有理論化或科學工具理性的單向度思維而已，為解決課程領域的危機，Schwab建議每個學校應組織一個小組，根據課程事件的理解，負責課程發展與修改，以逐漸改善課程。而此小組成員包括顧問的專家學者，提供社會與心理問題建議的社會學家和心理學家，並承擔監控小組行為、監督課程發展行為（特別是教材的準備）和幫助小組成員形成自己的價值觀等三項責任。

二、Schwab課程思想的主張

　　Schwab的核心思想包括下列三者：

（一）實踐藝術（practical arts）

　　實踐藝術係指運用根本的「覺察藝術」與「問題形成藝術」來發現真實的問題，甚至運用「變通問題表述之間權衡與選擇的藝術」、「產生變通解決方案的藝術」、「考察變通解決方案後果的藝術」、「權衡與選擇變通方案的藝術」，以及終止慎思並採取行動的「反省藝術」，才能發現與診斷課程所面臨的問題。

（二）折衷藝術（eclectic arts）

　　Schwab強烈批評理論的問題或缺失，卻未揚棄理論的研究，反而提出折衷藝術以調適不同理論間的衝突與矛盾，並以共同要素間的連貫性與相互依賴性，促進溝通理論與實踐之可能性。

　　折衷藝術即將理論加以剪裁、改造、組合、延伸與調整，除了進行解釋現象的必要程序外，並應結合文獻與直接經驗，產生適切的行動方案，有效地解決理論之間存在的問題。

（三）課程慎思（curriculum deliberation）

　　課程慎思需先覺察、知悉情境脈絡，以有效證據來界定、辨明與判斷問題，接著進行剪裁、內心預演與推理等過程，評估各種方案的適切性，以採取適當的行動。而在此實踐推理的慎思過程中，亦必須均衡考量方法與目的、事實與價值、倫理道德與實踐觀之間的統整性，才有助於產生優質的課程。

Schwab的重要貢獻
1. Schwab與Bobbitt、Tyler號稱為美國課程領域的三巨頭！
2. Schwab是促使美國課程領域起死回生，於1970年代走向「概念重整」的重要靈魂人物！

實踐藝術 — 即運用根本的「覺察藝術」與「問題形成藝術」，來發現真實的問題。

Schwab課程思想主張

折衷藝術 — 調適不同理論間的衝突與矛盾，並以共同要素促進溝通理論與實踐可能性。

課程慎思 — 覺察情境脈絡以有效證據判斷問題，接著進行剪裁、內心預演與推理，評估各種方案以採取適當行動。

Unit 6-8
Michael W. Apple 的課程思想

一、課程探究的轉變

Apple（1993）指出，組成課程知識的內容，從來就不是價值中立的。此即意味著課程內容的選擇，不能僅思考「技術理性」觀點，將課程知識視為理所當然的存在，並且一味思考「學生要如何獲得知識」而已！其實，課程選擇尚應注意其可能潛藏著另一個深層的意識型態問題。

任何課程內容或多或少皆涉及價值判斷與選擇層面之問題，其不可能是價值中立的，因而必須進行意識型態霸權的分析，以瞭解某些特定的觀點，為何能成為學校的客觀知識？官方的意識型態如何成為主宰社會的利益？學校又如何合法化這些認知標準，且視之為無庸置疑的真理呢？

Apple在現代課程知識探究方面，有其獨特見解，主張課程探究已從早期英國Spencer的「什麼知識最有價值」轉向為「誰的知識最有價值」；此意味著課程知識應置於「歷史－文化」脈絡中探究之，其不但是社會建構的，同時也是政治的課題（Apple, 1993）。

二、如何分析課程的意識型態

Apple（1993）認為課程知識的研究，不應僅只關注技術性、方法性層次之問題而已，亦應進行意識型態層面的研究。因此，主張進行批判性、歷史性、關聯性的分析，不應忽略有關意識型態、教育思想與教育實施之間關係的批判分析之研究。

面對宰制的意識型態與社會結構，課程或學校生活的探究，必須著眼於以下三層面的問題：

（一）學校日常生活規律如何使學生學習這些意識型態？即學校是如何藉由潛在課程，使學生從學校常規中發展出特定的價值和規範。

（二）過去與現在的課程知識如何反映這些意識型態？也就是要將教育知識問題化，思考課程的內容到底是誰的知識？從何而來？有利於哪些群體？

（三）這些意識型態如何反映在教育人員教學過程及賦予行動意義的觀點上？即是要瞭解教育人員思考方式背後的意識型態、價值基礎及其實踐機制。

由此可知，經由課程意識型態的分析，使我們深入瞭解學校生活和意識型態結構、權力、經濟資源之間乃是息息相關，在教室中即有知識的社會分配現象，而使不同學生得到不同類別的知識之潛在問題。

三、小結

藉由Apple官方課程知識的批判分析，使我們理解學校即屬社會控制的一個過程與機制，而此種控制所選擇出的課程內容僅反映少數特權者的興趣。換言之，學校或教師可能選擇和傳送特定不平等工業社會的文化資本，以維持其菁英或統治階級存在的價值；更藉由提倡某種意識型態，使現有機構所安排的不平等得到認可，以維持階級和個人間的和諧。

課程內容的選擇，不能僅以「技術理性」觀點，思考「學生要如何獲得知識」而已！

任何課程內容或多或少皆涉及價值判斷與選擇層面，不可能是「價值中立」的！

如何分析課程的
意識型態

學校如何藉由潛在課程，使學生習得特定的價值和規範。

過去與現在的課程知識如何反映這些意識型態。

課程的意識型態如何反映在教師的教學過程中。

Unit **6-9**
William M. Pinar 的課程思想

一、課程再概念化的意涵

　　1970年代起，部分美國課程學者，如Pinar、MacDonald、Apple、Freire、Schwab、Giroux、Penna等人，對美國課程過度受科學化課程及Tyler理論的影響，而提出課程研究的「再概念化」（reconceptualization）取向。

　　課程「再概念化」素有課程研究的「第三勢力」學派之稱，其深受人文科學中之歷史學、哲學及文學批評影響，主要研究對象是公共世界的、內在的、存在的經驗。Pinar對於現今如惡夢似的時代，學校課程不需要被定於唯一。因此，特別關注學校「潛在課程」（hidden curriculum）發展的探究，而其主要的研究對象則是公共世界的、內在的、存在的經驗等。

　　課程再概念化顛覆了Tyler法則，從完全實際的取向，轉向歷史、文本研究取向，並走向典範的個殊化，論述更多元，課程更多樣。因此，再概念化即需不斷對課程重新定義，代表一種批判、省思與重新定位。

二、課程再概念化的發展

　　Pinar等人（1995）指出，當前課程研究已從「發展」典範，轉變為「理論」典範（Pinar, 1995）；而研究則從「生理」轉向「生態」取向，從「巨型」（macro）轉向「微型」（mirco）的論述，從「科學實證」的律則性知識轉向「美感經驗」（aesthetic experience）的「詮釋—理解」（陳伯璋，2003）。

　　Pinar（2006）指出，課程發展生於1918年，死於1969年，再生於2001年。

Pinar等人所提出的課程再概念化，並非否定科學化課程之價值，反而為其發展找到起死回生之路，也為課程典範的後續發展注入新的源泉活水。

三、課程再概念化的內容

　　再概念化學派認為課程應是「動態」的歷程，主要集中在「潛在課程」之探究，並試圖將當代課程領域理解為「話語」（discourse）及「文本」（text）。

（一）「歷史話語」部分

　　敘述自1828年起至1979年止，而「課程發展」自官能心理學與古典課程開始，歷經赫爾巴特學派，走向兒童中心主義、科學主義與進步主義改革，共分成「發展與變遷」（1828-1927）、「危機、轉換、危機」（1928-1969）及「課程概念重建」（1970-1979）等三個階段。

（二）「文本」部分

　　主流文化被各種複雜的方式，進行描述、否定、扭曲或重建；而自1980年至1994年所理解的文本，包括「政治文本」、「種族文本」、「性別文本」、「現象學文本」、「後結構主義的、解構的、後現代的文本」、「自傳／傳記文本」、「美學文本」、「神學文本」、「制度文本」、「國際文本」等十種多元綜合性的文本。

　　由此可知，課程理論之研究，已非如過去僅只關注傳統科學化課程的目標、選擇、實施與評量，而是轉移至將主流文化融入各種多元形式的探究。

```
Pinar等人的
課程再概念化內容
        │
    ┌───┴────┐
歷史話語        文本部分
  部分
    │            │
 發展與變遷        政治文本
 (1828-1927)
                 種族文本
 危機、轉換、
   危機           自傳/
 (1928-1969)      傳記文本

 課程概念重建       美學文本
 (1970-1979)
                 現象學文本

                 神學文本

                 制度文本

                 國際文本

                 後結構主義
                 的、解構的、
                 後現代的文本
```

課程研究典範

發展典範 → 理論典範

課程研究取向

生理取向 → 生態

巨型 → 微型

科學實證 → 詮釋—理解

Unit **6-10**
Elliot W. Eisner 的教育想像

圖解教育學

154

一、前言

Albert Einstein曾說：「想像力比知識還重要！」（Imagination is more important than knowledge.）換言之，姑且不論外在教育環境的需求爲何，學校教師的教學若僅將知識或技能傳授給學生，而未善加引導學生發揮其創造力與想像力，則所教出來的學生，充其量只不過是填裝知識的容器而已。

Eisner（2002）指出，教育的目的在於協助學生學習如何創造自己，而課程即是要讓學生不斷地自我發現、自我創造的反省過程，而想像、創意和敏感性等則應成爲課程和教學的核心。

因此，教師不應死守固定的課程與教學，不能僅完全依賴教科書或教師手冊，並非一味地照著既定的舞步進行而已，應在教學過程中，隨時讓學生感受到許多的驚奇和發現。

二、教育想像的內涵

教育的內涵應是什麼？良好的教學又是什麼？Eisner（2005）認爲，良好的教學需具有藝術性的、美學的考慮，需要有創意性、敏感性、想像力和即興演奏的能力。

Eisner（1990）曾以交響樂團的演奏作比喻，主張若要編一首好曲子，指揮家必須運用自己的印象（imprint）來擴展其所接受的材料（樂譜），發揮音樂的想像力（musical imagination），並能傾聽作者聽覺之記憶，即應知道音樂該呈現的風貌及知道演奏是否已達成。

教師教學改進或提升的力量，來自教師本身的觀察和思考能力的增加，並非完全靠科學技術的方法。當一位好的教師在進行教學時，除了擁有自己的樂譜—意圖課程，即「課程計畫」或「教科書」之外，尋找教學的靈感，突破與超越既定的規範或窠臼，而非依循「既定」的規則或「特定」的技巧，來完成「預定」的目標而已。

教師應像一位藝術家一樣，在教學過程中細心觀察與體會，適時進行適當的教學判斷、決定與調整，以充分展現「富質感的教學」。

三、如何發揮學生的想像力

想像力並非憑空而來，其牽涉過去的經驗及記憶（Abraham, Schubotz, & von Cramon, 2008）。因此，適度與適當的刺激，將是激發想像力的重要催化劑。至於如何激發與創造學生的想像力，以下提供一些參考方向：

（一）教學要向藝術學習，教師則要向藝術家學習。

（二）培養學生「白手起家」的精神，從無到有的過程中，培養創造的智慧。

（三）強調過去知識的記憶與對未來的想像的緊密連結。

（四）指導學生從嘗試與錯誤中學習與改進，乃是激發想像力教學的共識。

（五）從模仿中掌握知識的內、外在之緊密連結，並從博覽群書中融會貫通知識的脈絡和理路。

Einstein曾說：想像力
比知識還重要！

教學需要有創意性、敏感
性、想像力和即興的演奏
機會！

良好的教學須具有藝術
性的、美學的考慮！

如何發揮學生的
想像力

| 教學要向藝術學習，而教師則要向藝術家看齊。 | 培養學生自手起家的精神，以培養創造力的智慧。 | 強調過去與未來的知識與想像力的緊密連結。 | 指導學生從嘗試與錯誤中學習與改進，以激發想像力。 | 從模仿中掌握知識的內、外在之緊密連結。 |

Unit 6-11
課程知識社會學分析

一、教育知識選擇的重要性

「知識社會學」一詞源自德文，乃德國哲學及社會學大師謝勒（M. Scheler）首創。而課程知識社會學（curriculum in sociology of knowledge）係從社會學觀點探討教育的課程知識之形成與發展，是西方新興教育社會學的一個分支。

知識具有階級或階層之色彩，知識本身並非價值中立與客觀的，隱含著價值判斷並無法脫離社會，因此，知識在不同的文化與社會中，有不同的差異、詮釋、解讀與影響。

Young（1971）指出，教育知識並非理所當然的，乃社會建構的結果。我們到底要教給學生什麼樣的知識呢？是學術性的知識？或普通的知識？始終是一個充滿爭議性的問題。

二、課程知識社會學的內涵

課程知識社會學主張「權力」決定學校教育知識的形成，主要目的即在於揭露學校教育知識中可能潛藏的一些問題。其次，批判傳統科學化課程的工具理性主義導向的專業技術性格之扭曲。此外，並分析學校透過篩選機制而將學生分配到不同位置的迷思。

學校教育功能在於傳遞、選擇、組織與評量教育知識，而將知識社會學應用在教育上，即在於釐清「學校應教什麼知識？」「什麼知識最有價值？」「誰的知識最有價值？」等概念問題。換言之，我們不應理所當然地讓學生們

「接受」（take）教育知識，而應進一步「處理」（make）教育知識問題，如此，課程知識的創新、革新與永續發展，才能成為一種可能性。

三、如何分析與檢視教育知識

學校所傳遞的教育知識，不能被視為既定的、理所當然的，我們可從教育社會學角度進行分析與探究，並質疑其合法性。以下舉例說明之。

（一）Bernstein（1971）以「分類」（classification）和「架構」（frame）的概念，分析學校教育知識背後所隱藏的社會權力分配及社會控制之關係。

（二）Apple（2002）批判實證及技術導向課程，並檢視課程知識中潛藏的「意識型態」（ideology），大聲疾呼學校的課程、教學與評量不能只問「如何？」，而不問「為何？」。

（三）Bourdieu（1973）以「社會再製」（social reproduction）、「文化再製」（cultural reproduction）分析社會階級如何透過課程知識的選擇，來再製不平等的社會文化階級，以捍衛其利益與換取權力。

（四）Willis（1981）從學生文化探討，發現勞工階級學生具有反學校權威、反對附從者的傾向。這些「好小子」洞察到壓迫性的資本主義教育篩選機制，而有意識地拒絕成為這套遊戲規則的共犯，他們這種自成一套的看法，影響課程知識實施的結果甚鉅。

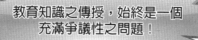

教育知識之傳授，始終是一個
充滿爭議性之問題！

Young(1971)指出，教育
知識並非理所當然的，乃
社會建構的結果！

如何分析與檢視
教育知識

運用
Bernstein
的「分類」
和「架構」
的概念。

Apple的意
識型態之批
判。

Bourdieu的
「社會再
製」、「文
化再製」分
析。

Willis對學
生文化之探
討。

第 7 章

教學的原理

 章節體系架構

　　教師實施教學時，應有所本，必須根據教學的原理或原則，方能順利進行。德國的教育家康德曾說：「沒有哲學的教育是盲的，沒有教育的哲學是空的。」同樣的，教學實施沒有依據教學理論可能是盲目的，而教學理論沒有植基於教學實施也可能是空的，此即指出教學理論與教學實施兩者之間相互依存的重要關係。

　　素有「班級國王」的教師，乃班級教學的靈魂人物。長久以來，教師在課堂教室中「如何教」之問題，一直受到家長及社會大眾強烈的關切。美國的 Holmes Group 於 1986 年發表「明日教師」（tomorrow teacher）即建議指出，教師知識乃成長之基石，教師應對自己所教的「學科教學知識」（pedagogical content knowledge, PCK）有深度的理解，即點出培養具高素質專業能力教師的重要性。

Unit 7-1
教學理論的重要性

一、前言

教學理論即提供學校教師實施教學時，使用教學方法之依據或準繩，亦屬教育學的一個分支；其主要目的即在於描述教學的現象與問題，並規範教學的原理及原則，乃一門屬於理論與應用兼具之科學。教學是複雜（complex）與多面向的認知活動（林進材，1997），甚至多變型態（polymorphous）的過程，因此，沒有任何一個教學理論，能夠完全掌握教學中各種變數的影響與發展。

德國的偉大教育家康德曾說：「沒有哲學的教育是盲的，沒有教育的哲學是空的。」同樣的，教學的實施若未依據教學理論而行，則可能是盲目的。換言之，若教學理論沒有植基於教學實施的現況，則也可能是空泛的。因此，教學理論與教學實施兩者之間，具有緊密的相互依存與相互依賴的重要關係。

雖然教學理論在教學的方法、規劃、設計、實施和評量等實務層面，確實提供有效的依循方向。然而，任何教學理論的形成，從教學實踐至教學思想，再到教學理論的循環，也必然經過漫長的發展歷史階段。

二、教學理論的發展

在我國的教育史上，〈學記〉乃最早論述有關教學方法理論的篇章，其對教學實施的方法或手段皆有非常詳細的描述。其他諸如《說文解字》、《中庸》、《孟子》、《禮記》，亦皆有提到教學實施的理念或方法。

而在西方最早使用「教學」一詞，乃德國的拉特克（W. Ratke）和捷克的夸美紐斯（J. A. Comenius）；1806年德國的赫爾巴特出版《普通教育學》一書，將心理學的觀念應用於教學中，正式將教學帶入科學領域。

1930至1960年代隨著有效教學歷程之探究（林進材，2000），其後隨著績效責任、資訊科技、教師效能、教師思考等蓬勃發展，也不斷建立或提供更具體、豐富、多元與科學化的教學理論。

三、教學理論的基礎

學校教學的主要功能，在於促使主要實施的對象——學生，能獲取最值得學習的教材或知識。因此，教師需要深思熟慮及考量「要學什麼？」、「如何學習？」與「為何要學？」等層次的問題；而此即涉及教學理論基礎層次之思考，其範圍則必然涉及教育學、心理學、社會學、哲學等領域。

教師為了要讓學生獲得有價值的知識或經驗，必須運用適當的教學理論或方法，而教師的教學則更應融合或統整教育學、心理學、社會學、哲學等各領域之內涵，積極培養個人的教學專業能力與判斷力，熟悉各種教學理論的優缺點，並根據學生或教學環境之情況，妥善擷取及運用，以建構屬於個人化的教學理論，且能靈活自如地運用於實際的教學活動中，才能達成目的。

教學理論重不重要？

沒有哲學的教育是盲的，沒有教育的哲學是空的！

沒有任何一個教學理論能夠掌握各種教學中的所有變數！

然而教學理論在設計和評估教學的實務方面，確實提供很好及有效的方向！

教學理論 →（相互依存）→ 教學實施

教學理論 ←（相互依賴）← 教學實施

Unit 7-2
J. F. Herbart 的教學理論

一、Herbart的思想簡介

德國的赫爾巴特（Johann Friedrich Herbart, 1776-1884）被尊稱為「教育科學之父」，倡導「階段」教學法，其畢生致力將教育學建立在心理學基礎上，試圖使教育學成為一門科學。

Herbart主張「管理」、「教學」和「道德」乃整個教育過程不可或缺的內容。如果教師無法堅強而溫和地抓住管理的準繩，則任何教學皆無法順利實現。

二、Herbart的教學理論

Herbart於1806年出版的《普通教育學》一書中，根據「科學原則」對「教學方法」和「學生管理」進行闡述，並提出著名的「四段教學法」，包括「明瞭」、「聯合」、「系統」和「方法」等步驟，茲將其分述之（林玉体，1980）。

（一）明瞭（clearness）：將欲呈現的教材，進行清楚的分析。

（二）聯合（association）：將新、舊教材的概念相結合，並讓學生自由表達與反思（reflection）。

（三）系統（system）：在新、舊的概念結合基礎上，產生新的定義、結論、原理和原則的知識。

（四）方法（method）：當學生獲得一致性概念後，教導學生將其實際應用於日常生活中。

Herbart的「四段教學法」階段論，又稱「系統教學法」，對十九世紀歐洲後期的教學法影響深遠。其科學系統化的教學，即先從引導學生清楚明白過去的舊經驗開始；其次，促進新、舊知識之間的連結；接著，建立系統化的新知識；最後，能將新知應用於日常生活中。

三、Herbart的五段教學法

隨後，Herbart的學生T. Ziller和W. Rein將四段教學法進行補充與修正，而成為「五段教學法」，即「準備」、「表徵」、「比較或抽象」、「總括」、「運用」等，茲將其分述之。

（一）準備（preparation）：即引起動機，指出教學目標，激發學習興趣。

（二）表徵（presentation）：即以生動的方式，將新教材呈現給學生。

（三）比較或抽象（comparison or abstract）：將新舊教材進行分析、比較，以建立密切與直接的關係。

（四）總括（generalization）：將新、舊概念進行融合、同化、統整而成新概念。

（五）應用（application）：將獲得的新概念或知識，應用在問題解決方面。

五段教學法主張教學應先喚起學生的舊經驗及決定教學目標；其次，進行說明新教材；接著，將新、舊教材進行分析與比較；再來，進行分析排列而成系統知識；最後，將所獲得的知識或概念，實際應用於日常生活中。

總之，兩者事實上差異並不大，只是五段教學法強調應讓學生預作準備，且教學過程清楚指出應使用比較、分析、排列、統整等方法。

Herbart的四段教學法

明瞭（clearness）
・呈現教材
・進行分析

→

聯合（association）
・結合新、舊概念
・學生自由表達

↓

系統（system）
・以新、舊概念為基礎，產生新的知識

←

方法（method）
・所獲得知識，實際應用於日常生活

Herbart的五段教學法

準備（preparation）
・引起動機
・指出教學目標

→

表徵（presentation）
・以生動方式呈現新教材

↓

總括（generalization）
・新、舊概念進行融合、同化、統整

←

比較或抽象（comparison or abstract）
・將新舊教材進行分析、比較，建立密切與直接的關係

↓

應用（application）
・將獲得的新概念或知識，應用在問題解決方面

Unit 7-3
教學目標的理論內涵

一、前言

人生必須有方向與目標，教師的教學亦是如此，有企圖達成的教學目標，才能使學生的學習有所收穫。

教學目標可協助學生清楚掌握將要學習的內容與方向，並提供教師選擇教學內容與組織教學活動的依據，並可瞭解是否達成目標及作為評量學生的基礎。

二、教學目標的概念

教學目標（teaching objectives或instruction objective）係指教師為達成教學任務和協助學生實現學習目的所必須掌握的方向和指標。換言之，即學生經由教師的教學過程，可獲得新的知識（knowledge）、技能（skills）、能力（abilities）或態度（attitudes）。

教學目標是教學活動的重要依據，源自於美國的教育學者Bloom, Krathwohl, & Simpson等人，分別於1956年、1964年、1972年所提出的教學理論。

不過，Anderson等人（1999）考量影響教學的更廣泛因素，修正Bloom分類法，將認知領域由單一向度分成「知識向度」和「認知歷程」。

「知識向度」即「知道什麼」（思維的內容），分成「事實知識」、「概念知識」、「程序知識」和「後設認知知識」等四類。「認知歷程」向度即「知道如何做」（解決問題時採取的步驟），與Bloom原分類法一樣有六種技能，從最簡單到最複雜，依序為：「記憶」、「理解」、「應用」、「分析」、「評鑑」、「創造」。

三、教學目標的種類

目前最常使用的教學目標分類，即將其分成「認知領域」、「情意領域」、「技能領域」等，分述如下：

（一）認知領域教育目標

Bloom等人（1956）提出認知領域教育目標，分成知識（knowledge）、理解（comprehension）、應用（application）、分析（analysis）、綜合（synthesis）、評鑑（evaluation）等六種，成為爾後學校教師撰寫教學目標的共同語言。

（二）情意領域教育目標

情意領域教育目標係指應變化學生氣質，陶冶學生情操，培養情感態度方面的教學目標。Krathwohl等人（1964）發表情意領域教育目標分類法，共有接受（receiving）、反應（responding）、鑑賞（valuing）、組織（organizing）、品格（characterizing）等五種。

（三）技能領域教育目標

技能領域教育目標係指改變或增進學生技術方面。Elizbeth Simpson（1972）發表技能領域教學目標，分成知覺（perception）、心向（set）、引導反應（imitating）、機械化（mechanism）、複雜反應（complex response）、適應（modification）、創作（origination）等七種。

當教師在撰寫單元的教學目標時，應注意「兼顧認知、情意及技能」、「教學目標要具體、明確、易行」、「應包含對象、行為、結果、情境、標準等要素」。

```
                    教學目標的種類
         ┌───────────────┼───────────────┐
      認知領域          情意領域          技能領域
      ┌─ 知識          ┌─ 接受          ┌─ 知覺
      ├─ 理解          ├─ 反應          ├─ 心向
      ├─ 應用          ├─ 鑑賞          ├─ 引導反應
      ├─ 分析          ├─ 組織          ├─ 機械化
      ├─ 綜合          └─ 品格          ├─ 複雜反應
      └─ 評鑑                          ├─ 適應
                                       └─ 創作
```

撰寫單元教學目標
應注意事項

1. 兼顧認知、情意及技能

2. 要具體、明確、易行

3. 應包含對象、行為、結果、情境、標準等要素

Unit 7-4
教師思考的內涵與研究

一、教師思考是什麼

教學乃教師內在心理層面的思考活動，舉凡教學兩難困境的發現、最初概念的形成、解決問題的形成，皆需經過教師心理層面的思考。

在教學的前、中、後等歷程，教師會不斷地評估實際的教學情境脈絡所產生的各種訊息，並迅速形成適當的決定，以進行下一步的教學行為。

「教師思考」（teacher thinking）主要係指教師在整個教學歷程中，心智運作的過程。教師思考即假定教師為理性的專業人員，能在複雜及不確定的教學情境中，進行判斷與作決定，以引導教師的教學行為（林進材，1997）。

教師在實際的教育現場中，進行專業的教師思考，充分展現其專業的知識與能力，以客觀與科學化的方式，執行教學工作，才是符合新世紀時代教學專業的表現。

二、教師思考的發展

林進材（1997）指出，教學是教育的核心，是一種在複雜環境下師生進行的「教」與「學」的活動歷程。因此，當教師實施教學時，為使其工作能順利進行，則「作決定」（decision making）不但是非常必要的，且是基本的教學技能之一（Shavelson, 1973）。

林進材（1997）指出，1974年美國國家教育研究提出「教學是臨床訊息處理歷程」的觀念後，教師思考的研究受教學研究者的重視。換言之，教師在教學實施的歷程中，能否像一位臨床醫生、律師、建築師與技師一樣的開業者，根據他人定義的規定或程序，執行熟練的工作表現，是否為一種專業的工作，逐漸受到強烈的關注與討論。

三、教師思考的研究

研究教師思考的主要目的，即在於透過探究教師內在心理的思考歷程，以理解及掌握教師外顯的教學行為。教師思考的探究，可提高教師對自己教學行為的覺察，以有意識地進行分析、比較、反省及修正自己的教學行為，而有助於提高學生的學習效果。

有關教師思考的研究，主要的重點包括：(1)教師對教育專業的信仰與理念；(2)教學前，教師進行教學時，對學生特性、教學條件、學校與班級文化的認識、行政配合等各方面的瞭解；(3)教學中，教師遇到問題時，如何感知、理解、詮釋，最後如何解決，以及如何抉擇的心路歷程；(4)教學後，依據實際教學活動和教學效果的反省、教學歷程中的反省、反省中的反省等。

研究教師思考經常使用的方法，包括可完整評量教師認知或思考的「放聲思考法」（thinking aloud）；Bloom（1953）最先使用的「刺激回憶法」（stimulated recall）、「決策擷取法」（policy capturing）、「教學日誌法」（journal keeping）等。

教師思考即探討教師在教學整個歷程中，心智運作的過程為何？

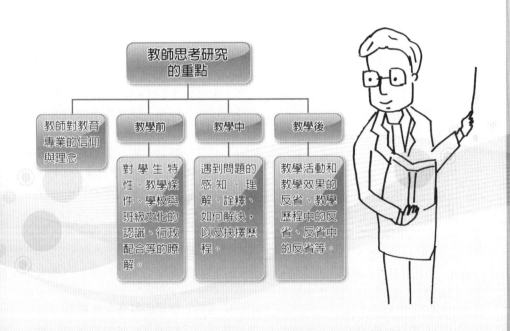

教師思考研究的重點

教師對教育專業的信仰與理念

教學前
對學生特性、教學條件、學校與班級文化的認識、行政配合等的瞭解。

教學中
遇到問題的感知、理解、詮釋、如何解決，以及抉擇歷程。

教學後
教學活動和教學效果的反省、教學歷程中的反省、反省中的反省等。

Unit **7-5**
教學計畫的內涵與功能

一、教學計畫的內涵

「凡事豫則立，不豫則廢。」教師於教學前，若能事先進行縝密的「教學計畫」（instructional plan）（又稱「教案」），即預先作充分準備與思考，以瞭解、抉擇或預先模擬未來教學實施的情況，並事先處理未來可能發生的教學問題或兩難困境，則達成有效成功的教學機率自然比較高。

計畫俗稱設計圖或藍圖，具有引導未來行動的架構，屬於一種導向未來決策的內在心理歷程。因此，教師的「教學計畫」，即在教學前針對教學目標、教學過程、教學方法、教學內容、教學評量等，進行「理性思考」（rational thinking）、「決定」（decision making）與「計畫」（planning）的內在心理歷程，具有明確的方法與程序，屬於一種導向未來的行動策略，最後則以達成教學目標和提升教學效果為目的（Yinger, 1977；林寶山，1990）。

二、教學計畫的功能

教師於教學前事先設計與安排教學計畫，協助自己瞭解與掌握每日、每週、每月、每學期的教學進度，進行教學銜接的功能，可隨時作為教學的評鑑與依據，因此具有許多教學上的功能。

Clark和Yinger（1979）指出，教學計畫的主要功能包括：

（一）滿足教學過程中立即性的心理需求，增加信心及提供明確依循方向，以減少教學的緊張焦慮或惶恐的情況。

（二）教學計畫乃達成目標的手段，可協助教師熟悉教材、蒐集與組織教學內容、安排與分配教學時間。

（三）提供教師教學適當的引導，以及教學評鑑的參考。

（四）預測和避免教學中所產生的兩難困境。

此外，Clark和Elmore（1981）也指出，教學計畫最顯著之功能，即將「形式課程」轉化為「實用課程」。

三、教學計畫的內容

教學計畫的內容是什麼？即應思考教學計畫「想要達到什麼？」「應如何達到？」等兩個層面問題，以形成合理的教學決定。

教學計畫的內容，以Shavelson和Stern（1981）所提出教學計畫應考慮的六大要素最為完整，茲說明如下：

（一）**內容**：即事先選擇的教學內容。

（二）**教材**：指學習過程中，學生可觀察及操作的各種教學資源。

（三）**活動**：指教學過程中，師生所進行的事。

（四）**目標**：即教師事先設定想要達成的最終教學目的。

（五）**學生**：包括對學生的興趣、能力與需求的瞭解。

（六）**教學的社會文化脈絡**：包括物理與心理的環境、有形與無形的師生關係及教學氛圍等。

理性思考、判斷與決定

教師計畫
（teacher planning）

包括教學目標、教學過程、教學方法、教學內容、教學評量等

教學計畫的
主要功能

1. 滿足教學過程中立即性的心理需求，增加信心及提供明確依循方向。

2. 協助教師熟悉教材、蒐集與組織教學內容、安排與分配教學時間。

3. 提供教師教學適當的引導，以及教學評鑑的參考。

4. 預測和避免教學中所產生的兩難困境。

Unit **7-6**
PCK 的概念及其內容

一、前言

教師乃是課程與教學實施的靈魂人物,在教室中應「教什麼」與「如何教」的問題,完全掌握於教師。然而,教室中的教學就像一個黑箱系統,外界對於素有「班級國王」之稱的教師,在教室中的教學,始終披著一層神祕面紗,無法深入窺知其完整的面貌。

過去美國的教師檢證制度,認為只要教師具備豐富的學科知識,即能勝任教學工作。但因應現在教育發展趨勢,想要當一位稱職的教師,教師不能患了「學科知識」的迷思,更應具備豐富的「學科教學知識」才能完全勝任。

二、何謂「PCK」?

Shuman(1986)指出,學科教學知識(pedagogical content knowledge;PCK)即教師為將某學科內容主題有效傳達給學生,則教師必須知道如何使用最有效的教學表徵形式,包括比喻、類比、舉例、隱喻、解釋和示範;同時也包括對學生先備知識和迷思概念的瞭解,並能擬定教學策略以重建學生的概念。

教師擁有豐富的學科教學知識,對教學實施的重要性乃不言可喻,其對教師教學的啟示,包括:

(一)能將課程知識轉化成學生能接受的形式。
(二)不致形成錯誤的教學決定。
(三)能適時糾正學生在學習中的迷思與困惑。
(四)提升教學的自主、反思及創新。

三、學科教學知識的內容

Shuman(1987)指出,教師需具備的知識,大致可包括:「學科內容知識」(content knowledge)、「普通教學知識」(general pedagogical knowledge)、「課程知識」(curricular knowledge)、「學科教學知識」(pedagogical content knowledge)、「對學生及其特質的知識」、「對教育環境的認識」(knowledge of educational contexts)、「對教育目的價值及其哲學與歷史淵源的知識」等七種不同領域。

他認為在這些知識內容中,以「學科教學知識」最為重要,因為這種知識是將學科內容與教學結合,利用類比、隱喻、圖示等有效的理解或表徵方式,將學科知識教給學生,並能適應學習者的興趣與能力特質,產生新的理解,使教學能順利轉化。至於學科教學知識的內容則包括如下:

(一)**學科內容的知識**:即教師對該學科及課程的內容所具有的知識。
(二)**教學法的知識**:包含教學目標、教學策略與表徵方式。
(三)**學生知識**:即教師對學生的瞭解,如:能力、概念、需求、學習興趣等。
(四)**教學情境知識**:包含教室環境、可用資源、教學媒體等。
(五)**其他**:如教學信念、教學經驗、實務智慧、教育學術研究等。

```
        Shuman（1987）認為
        教師需具備的知識
```

| 學科內容知識 | 普通教學知識 | 課程知識 | 學科教學知識 | 對學生及其特質的知識 | 對教育環境的認識 | 對教育目的價值及其哲學與歷史淵源的知識」 |

PCK即教師知道如何使用最有效的教學表徵形式，包括比喻、類比、舉例、隱喻、解釋和示範等。

PCK具有：
（一）能將課程知識轉化成學生能接受的形式。
（二）不致形成錯誤的教學決定。
（三）能適時糾正學生在學習中的迷思與困惑。
（四）提升教學自主、反思及創新。

Unit **7-7**
PCK 的轉化與概念轉移

一、前言

俗語說：「第一名的教練，不見得能教出金牌的優秀學生！」然而實務上，許多不是第一名的教練，卻經常能教出第一名非常優秀的學生。

為何會產生如此弔詭的現象呢？此即意味著教師想要把學生教會，把書教好，只擁有豐富的課程內容知識是不夠的！教師雖然擁有豐富的課程與教學知識或經驗，但若無法將這些知識或經驗進行轉化，變成讓學生容易吸收的形式，則當然無法教出優秀的學生。

二、教師教學角色的轉移

在2000年國中小實施九年一貫課程以前，我國大部分學校的教師皆遵照教科書和教學指引來教導學生一些新概念和新命題。雖然遵照教科書和教學指引教導學生一些新概念和新命題，對所有教師而言是一件很容易的事，但是學生是否能夠真正瞭解教師所傳授的概念（余民寧，1997），則令人感到好奇與質疑！

自2000年國中小實施九年一貫課程以後，對教師（教學）角色的期望有一個根本的變革，即希望教師由國家課程標準的「執行者」，轉變成「課程的決定者」（饒見維，2000）。相較於過去，教師不但要自己決定課程，也要進行教學知識的轉化，此即意味著教師應對自己的課程與教學負責，在課程與教學的實際運作層面上，也必須扮演一個臨床訊息的主動決定與轉化者。

三、教師如何轉化學科教學知識

學科教學知識轉化之意義，即教師應運用比喻、類比、舉例、隱喻、解釋、圖示和示範等方法，針對學科內容知識進行融合、簡化與統整，使原來的東西在「形式」（form）或「實質」上，轉變成更具體、更真實、更實在、更活用、更易懂、更易學。

學科教學知識轉化並非使知識內容更抽象或囤積（banking）知識，其目的在協助學生將原來的知識，經由課程或教學轉化過程，變成實用的能力。

教師要進行教學知識轉化，教學推理乃必要之過程（Shulman, 1987）。Wilson, Shulman, & Richert（1987）認為，教學推理行動係由「理解」、「轉化」、「教學」、「評鑑」、「反思」和「新理解」等六個一般教學行為所構成。

四、PCK概念的轉移

學生的知識學習，涉及「學什麼？」與「如何學？」等至少兩個層面之問題。而學科教學知識乃教師對教育情境知識的認識與理解，若僅從「心理學」或「教育學」的單一角度來看，顯然會有將其窄化與狹隘之虞。

因此，Cochran（1993）認為，PCK應由「pedagogical content knowledge」改為「pedagogical content knowing」，即學科教學的認識，係因「知識是靜態的，認識是動態的」。

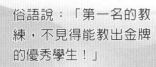

俗語說：「第一名的教練，不見得能教出金牌的優秀學生！」

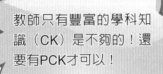

教師只有豐富的學科知識（CK）是不夠的！還要有PCK才可以！

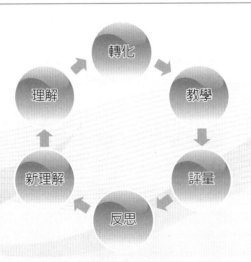

教學推理的模式
資料來源：引自Wilson, Shulman, & Richert,1987, p.119

Unit 7-8
教室中師生的互動關係

一、前言

在教室中，師生該如何互動，方能獲得比較好的教學與學習效果，一直受到強烈的關注。在昔日科學化課程時代，強調教學應以「教師為中心」（teachers center）；後現代課程則主張教學應以「學生為中心」（students center）。而現代的日本佐藤學教授則主張「學習共同體」（learning community），即認為學習應教師、學生及家長「大家一起來」，是大家共同的責任。

不管教學與學習的典範如何轉移，在教室中的師生互動，非僅只是過去相當單純的、單向式的關係而已，而是走向雙向、多向與複雜的教學與學習關係。

二、什麼是師生互動？

所謂「師生互動」（teacher-pupil interaction）即教室中師生為達成教學目標與活動所產生的雙向或多向的互動而言。師生之間的互動關係，若以專業或情感性的關係，應最能強化學生的學習動機，並催化正向的核心價值。

從廣義的師生關係而言，教學中的師生關係，並不僅限定正式的教學活動而已，非正式的人格影響、價值觀念、學習態度與行為引導，亦應屬師生關係的重要功能。

在教育社會學中，對於師生互動關係之層面，經常以「微觀研究」方式，來探究教室文化現象以分析師生互動的

價值和行為，進而探討最理想的教學型態應為何。

其次，教育社會學的「交易模式」，是否最能滿足「角色的期待與要求」的最佳師生互動模式，令人相當好奇。

此外，師生關係不僅具有倫理價值的正當性，其本身也存在權力與相互辯證的關係；若從教師的社會權力而言，教師賦予學生的獎賞、強制、參照（即學生認同的對象）與專家權力，對學生不僅是一時的影響，亦可能是長久與根深柢固的影響。

三、如何建立良性師生互動？

師生之間的關係若偏重於知識傳授，則師生互動趨於單向，感情會日漸疏淡。師生互動之關係，既是動態關聯，且具因果存續關聯，更是一種互相影響的價值。至於要如何維持平衡，除透過尊重、同理、真誠、溝通、民主等手段之外，以開放、不權威高壓、少懲罰多鼓勵、建立榜樣等特點，乃是一門專業藝術。

其次，教師平時即應對每位學生建立合理的、適當的或更高的「教師期望」（teacher expectation），以發揮更佳的「比馬龍效應」（Pygmalion effect）。

此外，教師經由建立溫和、關懷的氛圍，以親切、有愛心、活力的態度，掌握有效溝通原則，透過聲音、說話方式、面部表情、眼神、肢體動作等溝通技巧，來達到師生間最佳互動。

教室中，師生互動關係
的轉變

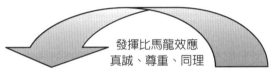

科學化課程 → 後現代課程 → 學習共同體

教師中心　　　學生中心　　　大家一起來

發揮比馬龍效應
真誠、尊重、同理

雙向良性互動
溝通、民主、關懷

Unit 7-9
教學效能的研究取向

一、前言

自古以來，教師追求高的教學效能與教學卓越，即不遺餘力！因為唯有成功的教學，才能帶好每位學生，並造就高度成就的學生。然而，要擁有高效能的教學，乃極具挑戰性，並非易事。

教師乃教學中的靈魂人物，究竟有哪些因素會影響教學效能？其原因可能非常複雜。從過去學者對教師教學效能的探究，由於研究取向及範圍之差異，自然有不同的研究取向與詮釋。

有關教師的教學效能研究取向，源自黑德爾（F. Heider）與懷特（R. W. White）（林進材，2000），目前針對「教師效能」的研究，可分成三類：(1)教師特質研究；(2)教師行為研究；(3)教師思考研究。

二、教師特質研究取向

此派從人格心理學，探討教師擁有教學效能的人格特質為何，已有相當久的歷史。人格特質（personality traits）具穩定性與持久性（張春興，1991），係由特質論所發展出的概念，指個體在思想、情感、行為上具有一致性的型態。

此取向亟於尋找「好教師（理想教師）的特質為何？」，並以調查、訪談方式蒐集資料，同時分析歸納出好教師的特質，諸如「有熱忱」、「友善」、「溫和」、「關懷」、「同理心」、「民主」、「專業」、「耐心」等。雖只提供一些概念性的貢獻，未能提供具體的有效教學之行為表徵，但也為教師效能後續之研究奠定根基。

三、教師行為研究取向

教師行為研究取向盛行於1960年代以後，主張教師的教學行為係一連續的過程與結果，教學效能即是一種有效教學的行為或教學活動。探究「過程－結果」的師生交互作用關係，主要以觀察法探討教師行為與教學效能之間的關係。

Gage（1963）首先以觀察法進行「過程－結果」的實徵研究模式，探討教師教學行為與學生學習結果之間的關係，認為能夠讓學生產生良好學習結果的教學行為，才是有效能的教學表現。

此派以量化取向，記錄及觀察「教－學」之間的關係，可區分有效與無效能的教學行為，但卻忽略教師特質及學生個別差異的複雜性，乃其美中不足之處。

四、教師思考研究取向

教師思考研究取向，從認知心理學觀點，瞭解教師的內心世界，主張有效的教學行為決定於教師的思想、信念、判斷或信仰。此派研究取向研究教師教學前、中、後歷程中，可能影響教師思維的各種潛在因素，盛行於1970年代以後。

教師思考研究取向的基本假設，認為教師能否像醫生、律師、建築師等一樣，能在複雜的教學情境中形成專業的判斷。其採用「放聲思考法」、「刺激回憶法」、「政策捕捉法」、「教室日誌法」等，探討教師在教學的前、中、後等歷程中，教師思考的形成、計畫與決定。

黑格爾
（F. Heider）

懷特
（R. W. White）

教師效能研究源起

教師效能研究分類

教師特質研究

教師行為研究

教師思考研究

教師特質研究：「好老師（理想老師）的特質為何？」

教師行為研究：探究「過程—結果」的師生交互作用關係！

教師思考研究：瞭解教師的內心世界，主張有效的教學行為決定與判斷為何！

Unit **7-10**
教學的知識社會學取向

一、前言

　　教師在教學上所傳授的教學知識或經驗，會不斷受到許多有形、無形、潛在因素之影響。如教科書內容會受到官方的政治意識型態、權力、文化、經濟等影響，而成為是否被選擇的因素。

　　知識社會學從社會學層面，探討教學知識的本質、形成及與社會互動的關係為何。易言之，當教師進行教學的規劃時，必須兼顧班級內、外在實際社會情境需求的教育經驗，而並非如理性主義或經驗主義者主張乃先天與生俱來或後天環境所造成的。

　　學校的教室亦屬一個小型的社會體系，學生知識與經驗的學習，仍需透過班級的師生互動、師生關係、班級文化、班級秩序等雙向或多向的互動教學歷程逐漸地建構。

二、知識社會學的意義

　　知識社會學的研究取向，首先由社會學家謝勒（M. Scheler）於1924年提出「知識社會學」的概念後（吳清山、林天祐，2005），經由其他社會學者的闡述與傳遞，已逐漸成為社會學的一支，並間接影響教育知識社會學的產生。

　　知識社會學即探討影響學校課程知識的選擇、組織、評鑑等內、外在之因素為何。換言之，即探究諸如「什麼知識要納入課程中？」「誰來選擇課程知識？」「課程知識的組織結構為何？」「學生對於課程知識的瞭解為何？」等問題。

　　英國的Spencer於1859年提出：什麼知識最有價值？並認為「科學知識」是最有價的知識。美國的Apple（1993）也提出：誰的知識最有價值？即從社會學角度，應重視知識或經驗產生的影響。

　　此外，Young（1971）也關注教育內容的選擇、確定與組織，乃是教育知識的階層化過程，學校教育過程則是教育知識的分配過程。英國的Bernstein（1981）也指出，不同階級的子女語言有異質性，影響教育之可能性。

三、知識社會學的影響因素

　　知識社會學的研究，開啓了學者對於學校課程中社會現象的關注，包括學校課程中知識的選擇、組織、評鑑及其影響因素之探究。

　　探討知識社會學的影響因素，包括課程知識的組成，是本土、鄉土或國際的知識？誰來選擇課程知識，是家長、教師、學者或國家？課程知識的結構，是直線或螺旋？是直接或建構？至於學生對於知識的瞭解與實踐的情形，則屬於知識評鑑的領域。

　　因此，社會文化、政治的意識型態、專家學者的理念、世界的潮流等，皆是知識社會學重要的影響因素。而從班級小型社會出發，讓學生與教師在教室環境中經由互動關係，體驗學習與社會之間的微妙關係，也協助教師能進一步從社會學角度切入，掌握教學內涵與全貌，並經由這些探討過程，以化解課程改革的爭議，使新知識能順利傳遞給下一代。

1. 教科書內容會受到官方的政治意識型態、權力、文化、經濟等影響,而成為是否被選擇的因素。
2. 教師進行教學的規劃時,必須兼顧班級內、外在實際社會情境需求的教育經驗。

知識社會學探討
1. 什麼知識要納入課程中?
2. 誰來選擇課程知識?
3. 課程知識的組織結構為何?
4. 學生對於課程知識的瞭解為何?

Unit 7-11
學習共同體的教學取向

圖解教育學

180

一、學習共同體的興起

二十世紀末，日本興起「學習共同體」（learning community）的教育理念，至今已逾三十年，係由日本的佐藤學教授提倡的一種學習取向，主張真正的教育需要大家一起來學習，真正的學習必須所有的人一起參與，並強調不放棄每一個孩子，創造同儕互相學習的模式。

日本佐藤學教授針對學生為何失去學習動機與興趣，不知為何而學，甚至「從學習逃走」，而提出以「學習共同體」取向的教育改革方式。他認為，擁有「學習共同體」認知與實踐的學生，將有助提升其整體的思考力、統整力、創造力、探究力、問題解決力等，而這些有別於傳統紙筆測驗所無法評量的能力，才是學生面對新世紀挑戰真正所需的能力。

二、學習共同體的做法

教師主要任務，即應幫助學生不斷地追求高品質學習，而「學習共同體」即在於打破傳統學校固定教學空間之限制與藩籬，強調以學生互動學習為主體，重視學習的品質而非量的多寡，並將學校的社區家長、教師、校長、學生等視為一個「學習圈」，並且皆為教學的主人。

「學習共同體」希望大家一起來，讓學生能夠彼此進行對話、相互幫助。而教師不再僅只聚焦「上課」而已，應真正「打開教室」大門，真誠地面對每一位學生的「學習」，並成為可以共同觀摩學習的現場，以促使學校的教學走向更「民主化」、「卓越化」與「公共化」。

學習共同體實踐的精髓在於「協同學習」，教師的主要責任不在於追趕教科書內容，應以小團體學習方式，採取「分組學習法」，以「主題」為中心，進行「主題—經驗—表達」的學習過程；至於教師教學的核心工作，則包括「聆聽」、「串聯」、「返回」的循環。

三、學習共同體的特色

佐藤學教授強調「學習共同體」的主要目的在於改變教師「單向授課」、學生「孤立學習」與「僵化背誦」等問題。教師扮演「學習專家」（learning master）而非「教學專家」（teaching master）角色，透過引導思考，讓學生體會學習的快樂及成就，並在探索學習中，培養學生的思考及學習能力。

佐藤學教授希望學校由管理者變成支持者和協助者，強調要達成「學習共同體」的學校，不能僅依循固定標準的SOP程序實施即可達成，最重要的是應建立學習共同體的「願景」（vision），即每一位要投入者皆要反問自己：「我想要什麼樣的學校？」「我想要什麼樣的教室？」「我想讓學生如何學習？」等。至於「學習共同體」的主要特色，包括如下：

（一）強調相互平等、對話及學習。
（二）精通教科及伸展跳躍。
（三）學思並重及知識建構。
（四）提問思考及溝通表達。

學習不只是學生的事而已！
真正的學習，需要學生、教師、家長、社區人士等成為一個「學習圈」，「大家一起來」！

學習共同體的特色

- 改變教師「單向授課」的文化

- 改變學生「孤立學習」與「僵化背誦」的情況

- 教師扮演「學習專家」而非「教學專家」的角色

學習共同體的理念

- 社區家長、教師、校長、學生等為一個「學習圈」，且為教學的主人

- 教師不再僅只聚焦「上課」而已，應真正「打開教室」大門

- 促使學校的教學走向更「民主化」、「卓越化」與「公共化」

第 8 章

另類的教育

 ●章節體系架構

　　「學校已死！」（School is dead.）這是對當前正規學校教育最沈痛的大聲疾呼！學校之目的在於讓學生快樂學習，啓發潛能，培養帶得走的能力，但傳統的學校教育卻並非如此。因此環伺人類的教育發展，除正規教育和特殊教育之外，還有一些頗具有特色、歷史發展、特殊理念的另類多元教育，以提供另一群智商正常、卻無法適應正規體制教育的學生之另類學習。

　　追求教育自由化乃一個國家進步的象徵，而另類學校的存在即彰顯教育自由化的表徵。政府在績效責任及家長對教育品質的要求下，希望公立學校能創新經營，積極建構多元化環境，提供及保障學生的學習權及家長的教育選擇權，因此，各種多元型態的公辦民營學校紛紛出現，更充分展現教育的生命、創新與延續性。

Unit 8-1
學校型態實驗教育的理念

一、學校型態實驗教育的起源

在全球化、少子化、績效責任的趨勢下，突破傳統學校科層體制的束縛，解構學校課程與教學的限制，為新世紀教育走出不一樣的新路，乃無可逃避的重要課題。

教育部依據「教育基本法」第13條的精神，2014年7月17日行政院會通過以特定教育理念進行整合性教育實驗的「學校型態實驗教育實施條例」草案，除民間的非營利組織可辦理外，並明訂中央或各縣市主管機關得指定所屬公立學校辦理學校型態實驗教育，以發展特色教育並促進教育的多元發展。

二、學校型態實驗教育的理念

我國的學校型態實驗教育之理念，最早應追溯至1994年4月10日，由民間發起「四一〇」教改運動所提出的四大訴求「落實小班小校、廣設高中大學、推動教育現代化、制定教育基本法」而來。其次，行政院教改會於1996年提出的綜合建議「教育鬆綁」理念，以解除對教育的不當管制。第三，1999年公布的「教育基本法」第13條的精神，政府及民間得進行教育實驗，及第8條的教育選擇權。

這十幾年來，臺灣某些另類學校，諸如華德福學校、森林小學、種籽學苑、雅歌小學、全人中學、慈心小學等，在法令不周延、資源不足之下，仍前仆後繼成立，即因堅持教育理念，實踐教育理想，深獲某些家長們的信任與青睞，而形成一股臺灣教育改革的重要力量。雖然實驗教育植基於「小班小校」、「教育現代化」、「教育鬆綁」、「教育選擇權」等精神，然而，無論屬「公辦民營」或「民辦民營」性質的實驗教育學校，皆應有其教育哲學理念、教育辦理的具體方式、學生學習權益保障，甚至若干的監督、審核、評鑑、獎勵、補助、場地等形式之規範或限制，才能確保實驗教育學校的教育品質。

三、學校型態實驗教育的限制

無論何種性質的學校型態實驗教育，仍需受到法律某些限制，如：招生人數、學校數量等，以符合教育的公平與正義。茲將其分別說明如下：

（一）審議、評鑑與監督機制

即設立需擬定完整的教育計畫書，受法律之監督，並需通過評鑑，以確保教育品質。

（二）學校總數量

各縣市的實驗教育學校之數量，在同一教育階段不得超過該階段總校數的5%；但情況特殊者，最高可達10%。

（三）招生對象

公立實驗學校，學生人數不得超過480人。符合私立學校招生對象，為6歲至18歲的學生，學生總人數不得超過480人；每年級學生不超過40人者，可申請改制設私立實驗學校。

（四）課程與教學

以學生為中心，尊重學生的多元智能，實施彈性課程，以達適性學習發展為目的。

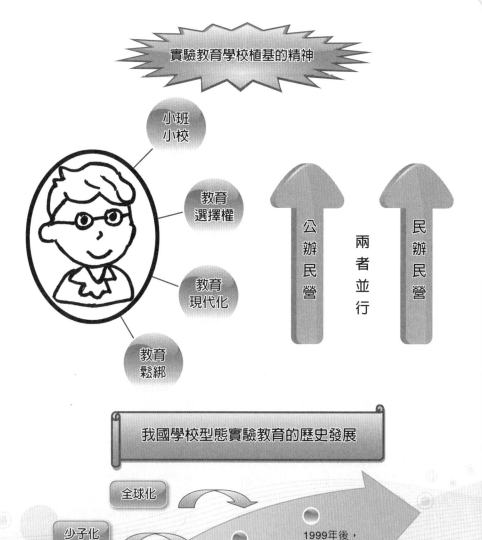

實驗教育學校植基的精神

小班
小校

教育
選擇權

教育
現代化

教育
鬆綁

公
辦
民
營

兩
者
並
行

民
辦
民
營

我國學校型態實驗教育的歷史發展

全球化

少子化

自由化

1994年4月
10日,「四
一○」教改
運動

1996年 行
政院教改會
提出「教育
鬆綁」理念

1999年教育
基本法第13
條的「教育
實驗」,及
第8條的「教
育選擇權」

1999年後,
開放學校、
另類學校、
實驗教育學
校等陸續出
現

Unit 8-2
華德福教育的理念與發展

一、華德福教育的理念

在全球教育自由化與多元化的浪潮席捲下，許多非主流教育的理念與方法被引進，作為教育改革的重要參考，其中最重要的就是「華德福教育」（Waldorf Education）（周慧菁，2009）。

華德福學校的教育係以「人智學」（Anthroposophy）為基礎，屬於一種人性化教育的方式，主張「慢學」理念，以活化知識活動為統整的架構，重視孩童的人格教育養成，也重視教師的身教。其主張與現今社會主流的價值認為孩子應「學得多、學得快、學得早」的「囤積知識」想法，有著截然不同的主張；除提供我們重新思考教育的本質與意義之外，也刺激正規主流教育重新省思教育的意義與方式應如何。

二、華德福教育的起源

1919年「人智學」的創立者史代納（Rudolf Steiner, 1861-1925）受德國工業家之邀，為司圖卡特華德福工廠的員工子女創辦一所從小學到高中十二年一貫的學校，為教育開啟了另一種新視野。

Steiner的學說屬於「批判唯心論」，企圖透過人智學來詮釋人的本質，以喚醒人和宇宙、自然之間的連結，並啟發人在自然之中原本即存在的靈性。

因此，其課程取向非常重視「律動」（Eurythmie）的教育，認為教學應結合音樂、語言、戲劇、體育等啟發孩子的美感經驗，強調身（body）、心（mind）、靈（spirit）等三者全面發展與結合，培養意志（willing）、感情（felling）、思考（thinking）的成長原動力，以成為真正自由的人。

華德福教育主張教育內容應豐富學生的美感體驗，當學生的經驗與學習產生連結時，他們就會產生興趣並變得非常主動積極，如此即可將其所學內化成活用的知識與帶得走的能力，而華德福的學校教育即是要培養這樣的學習。

三、華德福教育的發展

2012年全球有60個國家共建立了1,025所獨立的華德福學校、2,000所幼兒園、530所特殊教育中心，同時還有很多基於華德福教育理念的公立學校（維基百科，2014）。而亞洲第一所最早成立的華德福小學，則位於臺灣宜蘭冬山鄉於1976年由張純淑女士創辦的慈心托兒所，後於1996年改制為慈心華德福教育實驗學校，屬於公辦民營性質（周慧菁，2009）。

由此可知，華德福學校的教育方式和取向，以豐富孩子的感官體驗，促進手、腦、心的均衡發展，並培養創造力與想像力，自創立以來確實吸引某些家長的青睞，在數量上逐漸成長，也激發某些公立學校的反思與學習。此外，華德福學校沒有考試、不打分數，每個學生記錄自己的學習過程與成果，並與大家分享；此種教育觀讓孩子瞭解到，學習是對自己負責，而非與別人比較，這也確實提供公立學校一個震撼與反思！

186

一般教育體制
早學、多學、快學、
注重效率、效能

囤積知識

華德福教育
晚學、少學、慢學、
人智學、美感經驗、
結合身、心、靈

活化知識

最終教育
目的

華德福教育的
歷史發展

2014年

1996年

1976年

1919年

Rudolf
Steiner創立

臺灣的第一
所華德福慈
心托兒所成
立

慈心托兒所
轉型辦理華
德福教育

全球共有一
千多所華德
福學校，二
千多所幼稚
園

Unit **8-3**
開放教育的理念與發展

一、開放教育的理念

「開放教育」（open education）的觀念，最早來自盧梭的「自然主義」以「兒童中心」的思想，亦受「人本心理學」及「Piaget認知發展論」之影響，主張教育應尊重兒童學習與尊嚴，鼓勵兒童自主學習的教育方式。

開放教育主張為因應學生的個別差異，應謹慎設計學習環境，以激發學生不斷主動探索學習，讓學生獲得全人發展的教育理念與措施。為達成全人的教育目標，開放教育的信仰者會強調教師專業知能與自主權，肯定學生的個別差異，重視全面性的發展。在教導學生的過程中，會以彈性、多樣、主動、適性的精神，進行課程規劃與教學活動（吳清山、林天祐，2003）。

開放教育並非什麼都不管，讓學生完全自由，學校絲毫不約束的極端式教育。雖然開放教育與全人教育的理念有多處重疊，皆重視教學彈性、以學生為主體、提供自由選課、開放教室空間、多元教材與尊重學習自主，但開放教育比較強調突破傳統教育模式的僵化、固定、統一及標準化。

二、開放教育的起源

英國尼爾（A. S. Neil）首先倡導開放教育，並於1921年創立「夏山學校」（Summer Hill），被視為辦理開放教育的楷模，其非常強調「愛、自由與生命」及「教育的目的在適應兒童，而非

讓兒童適應學校」的教育理念。

Neil認為傳統的教育過於僵化、呆板，極少給孩子學習上的自由。因此，夏山學校實施混齡教學，並輔以個別化教學設計，學生自己決定學習內容及生活規則，肯定學生的個別差異，教學及學習內容具彈性、多樣化，注重學生全面性發展，拋棄一切管訓、約束、指導、道德訓練，讓兒童自由發展，強調民主自治，學校應適應學生，而非兒童適應學校，教師應永遠站在學生這邊。

不過，由於夏山學校所教育出的學生，其學業成就表現水準較一般的學生低，因而曾被迫停校。然而，基於人民擁有自由興學的基本權利，夏山學校後來又被英國政府判定可以復辦。

三、開放教育的發展

目前臺灣的「森林小學」、「毛毛蟲學院」、「高雄的華山國小」、教育部推動的「小班小校」等，皆屬於以開放教育為核心理念的學校。

在國外方面，英國Neil的夏山學校首推為最早實施開放教育理念之學校。此外，日本對於開放教育的實踐亦非常積極，而最典型的開放教育學校首推緒川學校。日本緒川學校強調教學過程及適應學生個別差異的教學，並以周遭事物為教材，創造一個以學生為中心的學習情境；在實施上則以自學輔導方案為核心，使每一位學生在自己既有的基礎上，不斷的自我成長。

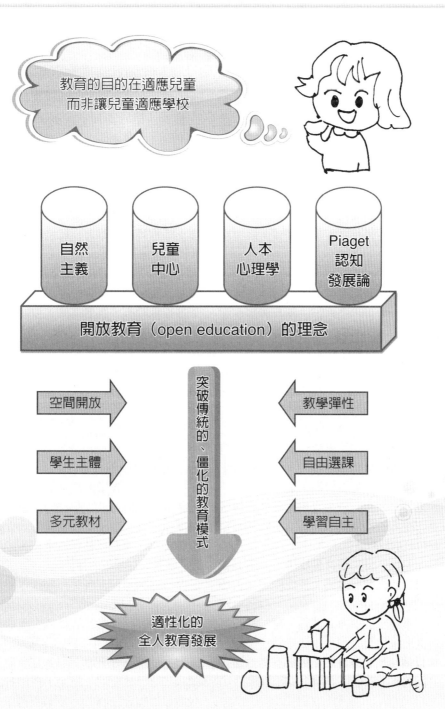

Unit **8-4**
特許學校的理念與發展

一、特許學校的理念

特許學校（charter school）乃美國1990年代社會大眾普遍對教育的不滿與怒吼，政府回應各方訴求而提出「教育鬆綁」、「彈性自由」與「教育選擇權」的理念之下，特別允許教師、家長或非營利組織等經營辦理學校教育，屬於眾多「公辦民營」的一種新型態學校制度。

特許學校乃政府立法，民間組織提出申辦，於核准並取得成立特許學校的執照後，才由民間自己去籌款興辦與經營，政府並不參與。但是學校成立後，政府每年會依照學校在學的學生數及出席率，給予保證的固定金額補助。在同一政府（特許者）之下的所有特許學校，都按照同樣的標準核撥經費。

美國的特許學校由於具備公立學校的「公平、公正、低學費」之優點，且又有私立學校的經營績效，亦可有效激發各種創新的教育實驗，並可透過競爭的壓力，刺激一般公立學校提升學校教育經營及教學品質，而成為美國新世紀學校的另類典範。

不過，特許學校雖提供家長多元教育選擇的機會，然而，民間團體是否願意投資看不見成效的教育而導致另一種教育機會不公平呢？此外，萬一學校經營失敗，影響到學生受教權益，又如何加以彌補呢？換言之，仍然有其他諸多的問題，需要更進一步加以深思熟慮。

二、特許學校的特徵

特許學校之目的在於促進「教育機會均等」，提供家長「教育選擇」及建立教育「績效責任」，屬於「公辦民營」的「公費補助」性質之學校。其特徵如下：

（一）經法律授權，由政府補助、私人興辦學校的教育制度。

（二）由教師、家長或非營利組織提出學校經營企劃書，經過地方教育行政機關審核後通過。

（三）學校自主性極高，可免除教育法規限制及實施課程規定。諸如各學科授課時數、教學進度、教師工作準則、薪資規定及例行性的報表等。

（四）尊重家長和學生的教育選擇權，但仍需負教育績效責任和學校經費籌措之壓力。

（五）學校可依其需求遴聘人員和彈性使用經費。

三、特許學校的發展

1991年，美國明尼蘇達州通過一項授權地方學區可設立學校的法案，此一法案授予家長對子女所就讀的公立學校有選擇權，至今已超過三十個州通過立法，允許特許學校的存在。

自1992年明尼蘇達州的聖保羅市立中學（St. Paul City Academy）成為全美第一所特許學校之後，目前全美國特許學校已經超過500所，1998年底以前將增加為1,000所，美國前柯林頓總統計畫在進入二十一世紀時，把全美國的特許學校數目增加為3,000所，成為美國中小學的主流。

特許學校係植基於「教育鬆綁」、「自由彈性」、「教育選擇權」的理念而來！

美國設置特許學校(charter school)之目的

促進教育機會均等

提供家長教育選擇

建立教育績效責任

公平、公正、低學費

191

特許學校的特徵

1. 法律授權，政府補助，私人興辦學校

2. 由教師、家長或非營利組織提出學校經營企劃書申請

3. 學校自主性極高，可免除教育法規限制及實施課程規定

4. 尊重家長的教育選擇權，需負教育績效責任和學校經費籌措之壓力

5. 學校可依其需求遴聘人員和彈性使用經費

Unit 8-5
特色學校的理念與特質

一、特色學校的現況

近幾年來，教育在少子化的發展趨勢之下，各校為少子化紛紛尋找出路，在這樣的情況下，特色學校（featured schools；specialist schools）已成為當今最火紅的教育方式。不管國小或國中，中大型學校皆擔心學生逐漸流失，因而必須發展特色因應之；而小校則需面臨廢校與裁併的壓力，更要嘗試走出不同的教育風格，以吸引學生就學。

曾幾何時，特色學校似乎已成為許多縣市教育政策的主流，而各個學校也紛紛的「為特色而特色」，創造出自己的特色。靠山的就以茶道當特色，近溪的即以溯溪課程作特色，臨海的就選擇帆船為特色，讓原本以三R（讀、寫、算）的傳統型態學校，一下子變得熱鬧非凡！

特色學校的「偏食」而側重特色發展，固然無法迴避，不過，過度豐富的特色體驗活動課程，卻已造成學生高層次的「反思抽象思考」能力，已產生嚴重不足的危機。

二、特色學校的理念

特色學校即學校透過課程的整體規劃，以有利資源為規劃基礎，凝聚「利害關係人」（stakeholders）的共識，並考量學生學習的需求，兼顧教育目標達成、學生潛能發揮、公平正義維護、永續經營發展的原則，將特色課程融入學生的學習活動之中，除傳遞學校與社區文化的價值精髓外，並展現特色學校的卓越、獨特、優質與創新的教育價值。

「特色」具有獨特、突出、優異、出色、與眾不同的概念，即「人無我有」、「人有我優」、「人優我新」、「人新我特」、「人特我專」的特點，係一種與他者差異化區隔的獨特創新表現（林志成，2011）。

三、特色學校的特質

林志成（2011）指出，特色學校的課程具有以下特質，分別說明如下：

（一）符合教育目標

特色學校的教育需符合自願性、認知性與價值性的概念，以教育目標為依據，以教育本質為依歸。

（二）以學生為中心

特色學校的課程規劃，必須以學生為中心，即應考量學生的學習興趣和學習需求，不但要注重學習內容，更要注重學習歷程。

（三）結合社區資源

以社區的物質資本、人力資本、文化資本、社會資本與環境資本等為有利基礎資源，並讓學習走入社區，從真實的學習情境中，體驗有意義的學習。

（四）直接體驗學習

讓學生親自直接體驗學習，以自然為師、從做中學、從探索中學、從解決問題中學。

（五）課程獨特創新

即課程能展現獨特、創意、創新、精緻與卓越，能與眾不同，具差異化且有價值。

192

我變！我變！變、變、變！特色學校即嘗試走出自己的特色，以吸引學生就讀，已成為當今最火紅的教育方式之一！

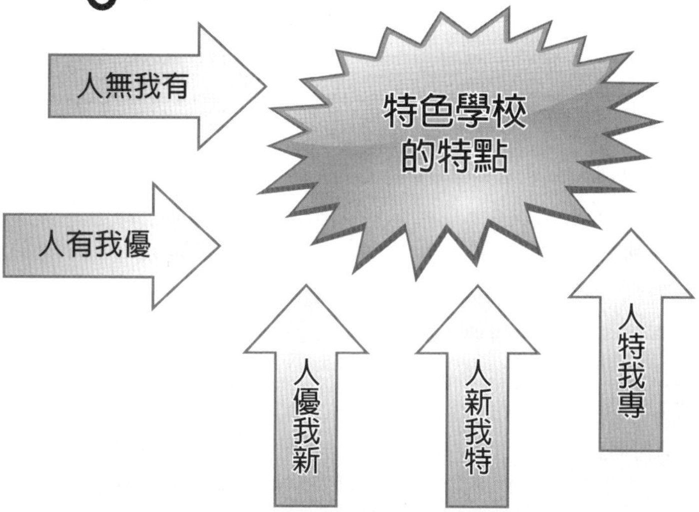

人無我有 → **特色學校的特點**

人有我優 →

↑ 人優我新　↑ 人新我特　↑ 人特我專

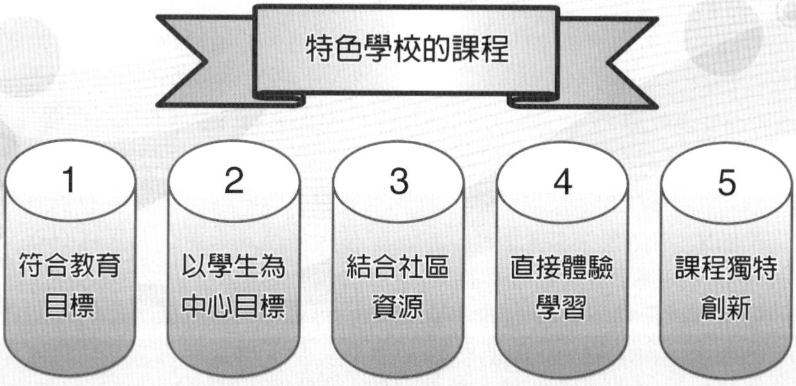

特色學校的課程

1 符合教育目標

2 以學生為中心目標

3 結合社區資源

4 直接體驗學習

5 課程獨特創新

Unit 8-6
磁力學校的理念與發展

一、磁力學校的理念

美國的磁力學校（magnet school），顧名思義，即「有吸引力」的學校，又稱「磁石學校」或「特色學校」。

美國聯邦政府教育部認為，磁力學校係指公立中小學或其他同等公立教育機構，提供特殊化、專門化課程及自身獨特的設施，發揮學校本身的辦學特色，以吸引（如同磁力吸引）本學區或本學區外的學生（不同族裔學生）來就讀的一種另類學校。

磁力學校最大的特色即不以特殊的升學輔導績效來吸引學生。磁力學校構想源自地方性的特殊學校，學生自願就學，不受學區限制，提供多元文化課程，教學採用合作學習方式，強調不同族群之間的尊重與關懷，評量兼重過程與結果，實施特殊、挑戰性課程，以吸引和激發學生的學習興趣。

二、磁力學校的發展

美國在1970年代為解決公立學校面臨學生高缺席率及高退學率的經營困境，因而推動磁力學校，希望學校以辦學特色來吸引學生就讀。

磁力學校的立意初衷，即希望開設地方公立學校所不具備的專門課程，以吸引更多學區內、外的學生來就學。

而磁力學校演變至今，不僅要為學術頂尖的學生提供服務，並且要為各種能力水平的學生提供服務，讓他們有機會參加地方學校所不具備的特別或選擇性教學方案。

三、磁力學校的教學理念

磁力學校入學係採用「自願就學」（voluntary enrollment）和「學區入學」（established attendance zones）兩種方式，學校對學生的學習潛力，抱持高度的期望（張明輝，1998）。其教學理念包括下列幾方面：

（一）採用合作學習

對於不同種族學生，以合作學習方式進行教學活動，並鼓勵以小團體討論方式進行教學。

（二）實施多元文化教育

透過課外活動或特別方案課程，採用多元文化的課程內容，讓學生分享不同文化的學習。

（三）強調尊重與關懷

教學過程強調相互尊重、欣賞與關懷，以培養相互信任的學習氣氛。

（四）評量兼重過程與結果

學生的評量兼重學業成就、進步情形和努力程度，成績評定以評語呈現為主，避免學生彼此間過度競爭及產生失敗挫折感；並鼓勵學生與自己前次成績比較，以設定下個階段的學習目標。

（五）特殊及挑戰性的課程

在課程設計方面，配合不同種族、年齡和不同成就水準學生的學習興趣，分別安排具有挑戰性的課程內容，並採用多元、彈性的教學方法，以配合學生的不同認知能力發展。此外，亦會邀請家長、學生或社區人士共同評估並設計符合學生需求的課程。

磁力學校(magnet school)的最大特色，即不以特殊的升學輔導績效來吸引學生！

磁力學校(magnet school)的出現，係為解決美國公立學校的「高缺席率」、「高退學率」之問題！

強調尊重
與關懷

實施多元
文化教育

評量兼重過程
與結果

採用合作
學習

磁力學校
教學理念

實施特殊及
挑戰性的課程

Unit **8-7**
藍帶學校的理念與發展

一、藍帶學校的理念

1982年，美國聯邦教育部提出「藍帶學校計畫」（Blue Ribbon School Program），選拔全國辦學最成功的典範學校，以表彰這些學校在行政領導、課程、教學、學生成就及家長參與等方面的傑出和卓越表現，此乃美國激勵辦學成功學校的一種積極性策略。

藍帶學校以「均等」（equality）和「卓越」（excellence）爲核心，積極縮減優秀學校和弱勢學校的差距，以實現教育機會均等。吳清山、林天祐（2003）指出其主要目的包括三方面：

（一）確立和認可全國傑出公私立學校。

（二）提供研究爲基礎的效能標準，作爲各校自我評估和改進的參考。

（三）激勵各校將辦學成功經驗與他校分享。

二、藍帶學校的發展

在強調知識經濟和重視創造力培養的時代，美國於1982年起實施藍帶學校計畫，強調學校的整體辦學品質水平，其並未特別重視學生的成績表現水準。然而，當美國學生在1996年第三次國際數學和自然科學調查（TIMSS）的調查結果並不太樂觀時，便促使家長關心「如何提高學生成績」之問題。

2002年，美國布希總統簽署「沒有孩子落後——藍帶學校計畫」（No Child Left Behind-Blue Ribbon School Program），強調提高學生學習成就，灌輸堅定的品格和公民精神，改進教育研究的品質等。

美國實施藍帶學校的選拔，在2000年至2001年有264所公私立小學獲選，在2001年至2002年則有172所公私立中學獲選，其主要目的在於肯定「辦學績效」，並發揮「見賢思齊」之效（吳清山、林天祐，2003）。然而，由於藍帶學校在2002年以後，過度強調學生學習成就，忽視其他因素的考量，而無法全面評估學校教育品質，乃爲選拔藍帶優質學校帶來一些負面的問題。

三、藍帶學校選拔的標準

藍帶學校追求所有學生卓越成就的理念，類似國內教育改革所倡導的「帶好每一位學生」之理念（吳清山、林天祐，2003）。目前各縣市政府針對某些辦學績優學校所頒發的「品德學校」、「閱讀磐石獎」、「優質學校」等，即頗類似藍帶學校的選拔，以提供各校學習的典範。

吳清山、林天祐（2003）指出，藍帶學校遴選的標準，每年基於特殊的需求，可能略加調整，但是通常以下列八大範疇爲主：

（一）學生核心和支持。

（二）學校組織和文化。

（三）挑戰性課程和標準。

（四）主動的學習與教學。

（五）專業學習社群。

（六）強勢領導和教育活力。

（七）學校、家庭與社區夥伴關係。

（八）成功指標。

藍帶學校以「均等」（equality）和「卓越」（excellence）為核心，以積極縮減優秀學校和弱勢學校的差距。

藍帶學校（Blue Ribbon School）主要目的在於肯定「辦學績效」，並發揮「見賢思齊」之效！頗似教育部所遴選的「標竿學校」。

成功指標 → 學生核心和支持

學校、家庭與社區夥伴關係

學校組織和文化

美國藍帶學校選拔的標準

強勢領導和教育活力

挑戰性課程和標準

專業學習社群

主動的學習與教學

Unit 8-8
專門學校的理念與特徵

198

一、專門學校的理念

英國自1963年提出「羅賓斯報告」（Robbins report）以來，持續不斷地進行教育改革。教育改革強調效率、績效、自由化、高品質、多元化、公平及教育市場化的教育趨勢，以充分發展每位學生的潛能為目標，除希望能提供家長更多的教育選擇機會，並認為公私立學校應該進一步合作，減緩傳統的社會階級區隔，並消除社會的對立。

英國的專門學校（specialist school）乃在這樣的理念下所進行的一系列教育改革計畫之一，其目的即在於培養更具有創造力及國際競爭力的下一代菁英。

英國的「專門學校」計畫始於1994年，目的在促成產學合作，經由政府的經費補助，建立公立學校與私人機構的合作，提供學校教育發展優勢學科的機會，以促進學校在特定專門領域能發展出卓越的課程與教學，並進行創新，進而成為學校的特色，以達到提升學生成就表現的目標（林永豐，2003）。

英國的「專門學校」之理念，相當類似我國東漢靈帝由於出自個人的喜好，而專門設立一所「鴻都門學」，以提供專門研討、學習文學、書法、繪畫和尺牘（書信）等。

此外，英國的「專門學校」從1997年起，更進一步成為提供其他學校或地方社區的資源，此種合作關係的建立，更有助於達成教育資源共享之目標。

二、專門學校的特徵

「專門學校」計畫所設定的專門領域範圍相當廣泛，諸如藝術、商業與企業、工程、人文、語言、數學與電腦、音樂、科學、運動、以及科技等十項。

通常要成為一所優良的專門學校，除能結合文化及充分展現創意，呈現自己本身的獨特風格之外，並需具備以下的特徵（Kemp, 2001；OFSTED, 2001）：

（一）專門學校能在GCSE的測驗表現中，獲得顯著的進步或改進。

（二）專門學校能具體呈現學校相關計畫及專門領域的學習成果。

（三）專門學校能流暢地轉換不同的學習領域。

（四）專門學校提供較多的專門學科選擇機會。

（五）專門學校能發展真誠的教育夥伴關係。

（六）專門學校能發展明確的、創新的、集體的行動或研究。

（七）專門學校具有冒險的文化。

（八）專門學校能展現學校整體的真誠及認同。

（九）專門學校能進行有效的反省與評鑑，不斷發現及解決問題，以持續提升教育品質。

（十）專門學校的目標，不僅統整於學校發展計畫中，並有相對應的經費計畫。

英國設立專門學校（specialist school）在於強調公私立學校應該進一步合作，減緩傳統的社會階級區隔，並消除社會的對立。

英國專門學校的理念，相當類似我國東漢靈帝由於出自個人的喜好，而特別專門設立一所「鴻都門學」。

專門學校的特徵

1. 在GCSE的測驗表現中，獲得顯著的進步或改進。

2. 具體呈現學校相關計畫及專門領域的學習成果。

3. 能流暢地轉換不同的學習領域。

4. 提供較多的專門學科選擇機會。

5. 能發展真誠的教育夥伴關係。

6. 能發展明確的、創新的、集體的行動或研究。

7. 專門學校具有冒險的文化。

8. 展現學校整體的真誠及認同。

9. 能進行有效的反省與評鑑，不斷發現及解決問題。

10. 目標不僅統整於學校發展計畫中，並有相對應的經費計畫。

Unit 8-9
燈塔學校的理念與條件

一、燈塔學校的理念

從1980年代以來，國際之間的競爭已由經濟取代傳統武力，因此，經濟層面的卓越、績效、自由及市場競爭的理念，也深深影響各國教育的走向及發展。英國的燈塔學校（beacon schools）亦在此種理念之下孕育而生，以促進及提升各校優良教育品質的均衡發展，培養更具高品質的學生為目標。

英國的燈塔學校係指經由政府教育單位認定符合某些優良標準，而被選為具有某種特色的學校。而此學校足以成為其他學校學習的典範，同時也願意將其學校特色及成功經驗主動分享給其他學校參考的。至於這些典範學校的類型則包括中小學、幼兒學校，甚至特殊學校等。

英國實施燈塔學校選拔，從1998年開始試辦，選拔出75所學校，到2002年已高達1,150所；其主要目的在選拔學校教育經營的最佳典範學校，成為各校分享成功經驗的範例，在促進學校教育經營與管理的效能方面，扮演非常重要的角色與任務。

二、獲選燈塔學校的條件

英國燈塔學校之主要目的，即在遴選「標竿學習」（benchmarking）的典範，以成為其他學校評估自己本身與理想目標之間的落差，並成為效法與學習之楷模，以提升其他學校教育經營的績效。

因此，獲選為燈塔學校必須符合某些條件，茲說明如下：

（一）需連續三至四年，經由英國皇家督學評鑑為傑出的學校。

（二）有明確的證據足以顯示學校在某些教育方面，具有極突出的表現，諸如特定課程發展、學生管理、學校經營、資優教育、特殊教育需求、防止校園暴力、改善家長參與教育、新進教師輔導、教師專業成長等方面。

（三）提供優質的教育環境與活動，以有效提升學生的學習成效。

由此可知，從這些條件得知其以卓越的績效責任導向為主，並需經由公部門認可。

三、維持燈塔學校的條件

若要繼續維持燈塔學校的領導地位，仍必須滿足某些條件：

（一）提供其他學校的諮詢與服務

有明確證據佐證三年來持續對其他學校提供具體的服務、諮詢。

（二）能繼續維持學校本身傑出的表現

能繼續提出燈塔學校傑出表現的檔案資料，作為評量的依據，其內容則包括：年度自評報告、持續維持傑出表現的事實，以及獲得學校教師、學校管理委員會與地方教育行政當局的支持，含有未來的服務、諮詢計畫等。

英國的燈塔學校（beacon schools）的孕育受經濟層面的卓越、績效、自由及市場競爭等理念之影響，頗似教育部所遴選的「標竿學校」。

英國的燈塔學校係由皇家督學認定符合某些優良標準，而被選為具有某種特色的學校；並足以成為其他學校學習典範！

Unit 8-10
衛星學校的理念與特色

一、衛星學校的理念

1988年，美國聯邦教育部依據「改進美國學校教育法案」（Improving America's School Act, RL 103-382）而提出「衛星學校計畫」（star school program）。

衛星學校主要提供「電子通訊科技」（telecommunication）、「電腦網路」（computer network）、「衛星教育資源」（satellite education resource）、多媒體應用科技（multi-media application）及遠距教學（distance learning）等學習方式，以提升中小學生之數學、科學及外國語文程度；其對象除中小學生之外，也包括文化不利地區、語言溝通不佳及擬學習職業技能的一般民眾。

拜資訊科技發達之賜，學習已不限於單向式的書本，相反的，可在任何時間、任何地點、以任何方式進行「互動式」或「多向式」的行動學習，現在已真正可以跨越時間與空間藩籬的束縛。

過去偏鄉地區學生受交通之限制，而無法享受城市地區學生所擁有得天獨厚的優勢學習環境。而這些問題在電腦、網際網路、資訊科技與通訊發達後，透過電腦、網際網路、多媒體、遠距教學等方式，數位資訊的「多、快、好、省」之流動及傳遞優勢，縮短社會、教育、地理之間的距離，已使偏鄉不再是偏鄉，落後地區不再落後，只要透過行動學習系統，努力與用心學習，皆已不成問題。

二、衛星學校的特色

美國「衛星學校計畫」的特色，主要包括下列幾方面：

（一）乃美國最大型的公私立機構合作完成的網路學習計畫，參與合作的單位非常廣泛，包括學校、學區、州教育廳、通訊科技部門、大學、社區服務中心等。上述單位共同參加開發建立教育的資訊高速公路（information superhighway）。

（二）提供全球性的多媒體應用課程，包括：學期課程、教學單元、特殊主題之遠距視訊會議（teleconference）錄影帶、電子布告欄（BBS）和線上資源（online resource）等服務。

（三）此計畫亦為一種專業成長計畫（professional development program），提供教師、行政人員、教育決策人士和其他關心教育人士的進修內容。

美國衛星學校計畫呈現出資訊時代的教學新模式，提供區域網路（Local Area Network, LAN）、國際網際網路、多媒體、合作軟體環境（collaborative software environment）及遠距教學等教學科技，已突破傳統教學方式，並孕育新的教學理念。

然而，檢視該項計畫的執行過程與成效，主要關鍵仍在於教材設計、師資培訓和教學模式的改變。因此，如何培養教師團隊合作學習的習慣，轉變教師成為知識的運用者、分工者及仲介者，才是未來師資培訓的重點。

1988年美國聯邦教育部依據「改進美國學校教育法案」而提出「衛星學校計畫」(Star School Program)！

衛星學校主要提供「電子通訊科技」、「電腦網路」、「衛星教育資源」、多媒體應用科技及遠距教學等學習方式！

此計畫亦為一種專業成長計畫

提供全球性的多媒體應用課程

擁有數位資訊的「多、快、好、省」之流動及傳遞優勢

乃美國最大型的公私立機構合作完成的網路學習計畫

衛星學校的特色

進行「互動式」或「多向式」的行動學習，可跨越時間與空間藩籬束縛

　　愛因斯坦說：「想像力比知識更重要。」因為知識是有限的，想像力是無窮的。二十一世紀的資訊科技發展日新月異，人類正面臨「第三次產業革命」，想要求新求變、超越前瞻，即需以「腦力」為決勝負關鍵的知識經濟時代。無論是創意、創造與創新的能力，甚至想像力、批判思考與問題解決等之能力，對個人生活與學習的重要性不言而喻，亦皆屬人類未來重要的基礎能力。

Unit 9-1
什麼是創意、創造力、創新

一、前言

　　二十一世紀資訊科技之發展日新月異，人類正面臨「第三次產業革命」，想要求新求變、超越前瞻，即需以「腦力」為決勝負關鍵的知識經濟時代。

　　無論是創意、創造與創新的能力，對個人生活與學習的重要性不言而喻，亦皆屬人類未來重要的基礎能力。有關創意、創造與創新等之概念，時常令人混淆。茲將其說明如下以釐清之。

二、創意

　　「創意」（creation）係指特別的、新奇的點子（idea）。創意不只異於他人，且不落俗套，屬一種不同而更好的想法。然而，創意不只是新奇的、不一樣的，更需是有價值的、更好的。

　　創意不會無中生有，並非天上掉下來的禮物，而是「準備」與「努力」的成果。創意的產生，有賴創造力智能的發揮；而創意的績效，取決於創新成果的展現。若知識是現在式，則創意即是未來式，意即抓得住創意，即可抓得住未來。

　　身處在二十一世紀的數位時代，唯一不變的就是變，而且以快速及非線性的方式在變。隨意來個新點子，轉個彎，加一加，減一減，換個角度，變新花樣，逆向思考，重新安排，或許想法就能產生改變。經常要求別人遵從你唯一的意見，常會抹煞許多源源不絕的創意。

三、創造力

　　「創造力」（creativity）在《韋氏大詞典》的解釋中，含有「賦予存在」的意思，具「首創」或「無中生有」的特質（陳龍安，2006）。

　　「創造力」即在問題情境中，超越既有經驗，突破習慣思考限制，產生更好、更完美、更有效之方法的一種新觀念的能力、心理歷程或特質。

　　「創造力」與「創新」乃一體兩面，相輔相成；創造力以創新的知識為基礎，創新則是創造力的具體實踐。創造力就是創新的「火苗」。陳龍安（2006）認為創造力包括以下五種：

　　(一) 敏覺力（覺）：發現問題、觀察入微、見微知著。

　　(二) 流暢力（多）：想出解決方法、思路通暢、滔滔不絕。

　　(三) 變通力（變）：隨機應變、舉一反三、推陳出新、彈性應變。

　　(四) 獨創力（奇）：找出差異性、萬中選一、獨樹一格。

　　(五) 精密力（全）：思慮縝密、精益求精、錦上添花、描繪細膩。

三、創新

　　「創新」（innovation）最早於1912年由美國J. A. Schumpeter在「經濟發展理論」中提出的，他認為：「先有發明，後有創新。」

　　創新即一系列知識的生產、利用及擴散之歷程；換言之，「創新」係指創意被執行出來的結果。而「創新」必定來自「創意」，至於「創意」則是構成「創新」的主要成分。

創造力的五種內涵

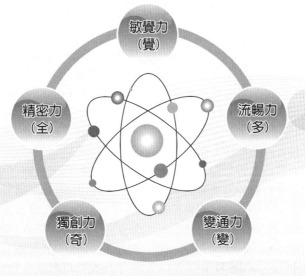

Unit 9-2
教育在激發創造力與想像力

圖解教育學

208

一、創造力與想像力的重要性

　　二十一世紀是人類科技、資訊快速發展及遽變的時代，我們正面臨以「腦力」決勝負的「知識經濟」時代。因此，不論是創造力（creativity）、想像力（imagination）、批判思考（critical thinking）或解決問題之心智思考能力，已是未來時代不可避免的趨勢，且是未來世界公民的重要基礎能力。

　　行政院於1996年的《中華民國教育改革總諮議報告書》中，提出「多采多姿，活潑創新」之現代教育方向，為創造力教育時代拉開序幕。爾後，經濟部、科技部積極推動一系列之創造力相關研究，社會各界也持續推展各項激發創造力發展的競賽活動。在「科技化國家推動方案」、「知識經濟發展方案」、「新世紀人力發展方案」與「第六次全國科技會議」中，創造力與創新能力均為重要議題（教育部，2003）。

　　此外，在美國心理學上素有「第三勢力」（third force）之稱的人本主義心理學，即強調「教人」比「教書」還重要，「適才」比「專才」更重要。環顧世界各國的教育改革思潮，皆期望教育能激發學生的創造力與想像力，因為這關係到國家未來的競爭力與發展。而在我國古代書籍中，明代的《明夷待訪錄》也含有這樣的教育改革思想。

二、創造力與想像力的關係

　　愛因斯坦說：「想像力比知識更重要。」因為知識是有限的，想像力是無窮的。人類世界科技文明的進步，主要就是靠想像力與創造力。

　　一般皆認為想像力與創造力兩者有很大的關聯，係因單只有想像力是不夠的，還要把想像力化為創造力才是有用的。擁有思考的想像力，才能突破時空限制，異想天開及天馬行空地超越現實之限制，且無拘無束地盡情思考。因此，有想像的創造力，才是我們學校真正的教育目標。

三、激發創造力與想像力的方法

　　陶倫斯（E. P. Torrance）認為成功的創造思考教學應該兼顧「認知」與「情意」作用，激發創造學習動機，提供各種機會，並設計各種情境，引導學生在學習活動當中藉由與教師、同學的互動，激發思考的潛能。

　　孔子曾說：「舉一隅不以三隅反，則不復也」，即要促進與提升學生的創造力與想像力，乃需秉持「啟發式教學法」和強調以「學生為主體」的重要教學原則。

　　布魯納（J. S. Bruner）主張「任何教材，皆可透過某種形式教給任何的學童」，此即指出教師若具有創意或創新的教學設計能力，適當運用「屬性列舉法」、「腦力激盪法」、「檢核表法」、「強迫聯想法」等，則可有效激發學生的創造力與想像力。

　　教師亦可實施「協同教學」，結合不同教師的專長，共同計畫合作進行創意或創新的另類教學方法。

多采多姿，活潑創新

創造力與想像力的重要性	創造力與想像力的關係	激發創造力與想像力的方法
我們正面臨以「腦力」決勝負的「知識經濟」時代	因為知識是有限的，想像力是無限的	創造力教學應該兼顧「認知」與「情意」
「教人」比「教書」還重要，「適才」比「專才」更重要	人類世界科技文明的進步，主要就是靠想像力與創造力	秉持「啟發式教學法」和強調以「學生為主體」的重要教學原則

Unit 9-3
創造力的基礎與迷思

一、前言

愛因斯坦說：「知識是有限的，而創造力與想像力則是無限的！」孔子說：「學而不思則罔。」想要擁有高的創造力，光靠學習是不夠的，還需慎思熟慮，讓知識產生密切的關聯性才行。

二、創造力的基礎

創造力具有產生「原創性」與「價值性」事物的能力。創造力能激發思考，超越舊經驗的束縛，突破習慣的限制，以形成嶄新及創意的新觀念，並轉化為實際價值或行動的整個過程。但要產生創造力，仍需有某些條件作基礎，茲說明如下：

（一）**知識**：沒有堅實的知識基礎，即無創造力可言。因此，要「閱讀」、「樂讀」、「悅讀」、「越讀」（超越），才能產生創造力的來源。

（二）**經驗**：即具有豐富與多彩多姿的工作、生活與學習的經驗。

（三）**美感**：創造力與藝術美感、詩性美感、生活美學、課程美學等經驗息息相關。

（四）**人格**：即對新事物的開放性與懷疑精神、對機會的靈活反應、願意接受冒險與挑戰、克服困難的堅持性格。

（五）**動機**：喜歡工作、享受工作且狂熱投入。

（六）**環境**：支持、鼓勵與認同的環境。

創造力屬於正向的，應展現「頓悟」、「跨界」、「超越」、「與眾不同」、「差異化」、「個別化」、「出奇不意」等思維。

三、創造力的迷思

要培養學生的創造力，即應強調「學習過程」，若過於注重結果的好壞，反會減弱學生的創造力。一般人總是對創造力充滿疑惑，對創造力的理解恰似霧裡看花一頭霧水，並將其視為神祕的黑盒子而產生許多迷思。

（一）**創造力是高IQ的專利嗎**？

擁有高智力的人，不一定代表擁有高創造力。創造力並非少數資優生的專利，擁有高創造力的人，一般智力在中等以上，不一定需要擁有特別高的智力。

（二）**創造力的能力需長期培養嗎**？

創造力的能力其實不需要長時間培養，只要勇於嘗試錯誤並從錯誤中學習，仍然可以學得創造力。每個人或多或少在不同領域皆有創造力的潛能，透過適性化的教育方式，皆可提升每個人的創造力。

（三）**創造力是神祕的嗎**？

創造力並非神祕而無法理解，它是可教、可學、可提升的。

（四）**創造力是特殊的嗎**？

創造力並非專屬於藝術，其他領域也很重要，如科學、數學、音樂、舞蹈等同樣需要很有創意。也就是說，無論做任何事，我們都可能會用到創造力。

總之，擁有高創造力的人，通常擁有創意性的生活方式，能在生活中保持彈性、有不尋常的舉止及從特殊角度看待生活事物。

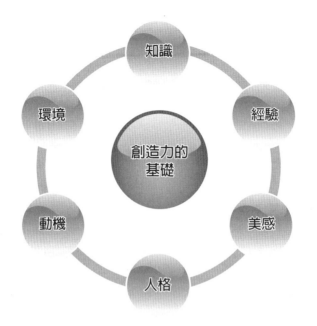

創造力的迷思？

1.創造力是高IQ的專利嗎？

2.創造力的能力需長期培養嗎？

3. 創造力是神祕的嗎？

4. 創造力是特殊的嗎？

Unit **9-4**
激發創造力的腦力激盪法

一、前言

俗語說：「三個臭皮匠，勝過一個諸葛亮。」在民主自由開放時代，各種團體的決策或教育學習，不應流於「形式化」、「一言堂」、「官大學問大」、「專家導向」、「教師永遠是對的」或「武斷思考」等問題。因此，進行團體決策時，以集體思考與相互激盪方式，促進「眞理知識」或「創造力思考」所產生的連鎖反應，是非常重要的。

二、何謂腦力激盪法？

「腦力激盪法」（Brainstorming）又稱「頭腦風暴」，乃美國A. F. Osborn於1938年首創，並於1953年正式發表的一種激發性思維的方法，其特徵爲「異想天開」、「集思廣益」、「自由聯想」、「連鎖反應」、「有容乃大」、「拋磚引玉」。

腦力激盪法可提高團體決策的品質與創造性思維，其乃運用「集體思考」（collective thinking）的方式，使思考能夠相互激盪，發生連鎖反應，以引導創造性思考的方法。

Osborn（1953）認爲團體要有效地進行腦力激盪，必須秉持兩個原理：

（一）**延宕判斷（deferment of judgment）**：即在提出假設階段時，需接納別人所提出的構想，不批評、不帶偏見，並延緩評價。

（二）**量中求質（quantity breads quality）**：追求大量的構想（extended search），鼓勵自由聯想，以量變引起質變，即點子愈多，愈可能產生好點子。

三、腦力激盪法的原則

（一）**禁止批評**：不對別人所提出的意見作任何評價，以暢所欲言。

（二）**自由聯想**：運用想像力，海闊天空，自由思考，愈多愈佳。

（三）**獨特想法**：異想天開，想法奇特。

（四）**組合改進**：能夠將別人的許多觀念加以組合成改進的意見。

四、腦力激盪決策的方法

（一）**最高票法（high-lighting）**：英雄所見略同，即以多數人的意見爲意見。

（二）**利弊分析法**：即分析思考「利益」（advantages）、「限制」（limitations）、「獨特」（unique connection）等之間的連結。利用腦力激盪法，思考利益的優點或好處，以及限制的缺點或壞處；獨特連結即把優點擴大或去除缺點的新想法，再根據獨特想法提出具體實施方案。

（三）**KJ法**：乃由日本的川喜田二郎（Kawakita Jiro）提出，係一種將各式想法，以一張卡片記下一個想法的方式，再將這些卡片依文義內容的類似性，從具體到抽象逐層統合歸類，並運用圖解方式呈現其結構性意義，最後則以文章或口述其內容，如此反覆實施的一種技法。

（四）**配對比較分析法**：即從許多點子中，以兩個一組的方式，從兩個點子中挑選出一個比較好的點子，接著進行兩兩比較，最後選出最適當的想法。在評估時應注意之事，即不輕易放棄任何荒誕的想法，並應活用與轉換各種點子。

自由聯想　　連鎖反應

集思廣益　　　　有容乃大

異想天開　→　腦力激盪法
的特徵　←　拋磚引玉

激發創造力的腦力激盪法

腦力激盪法的原則	腦力激盪決策的方法
1.禁止批評	1.最高票法
2.自由聯想	2.利弊分析法
3.獨特想法	3.KJ法
4.組合改進	4.配對比較分析法

Unit **9-5**
激發創造力的心智地圖法

一、前言

一般學生皆習慣使用左腦進行直線思考，而心智地圖法（mind mapping）即在幫助學生改變習以為常的思考方式，運用右腦的色彩、空間、韻律、想像力，及左腦的表單、數字、行列、文字、順序與邏輯，產生更多聯想，以左、右腦並用的方式，發展擴散性思維，對外界各種複雜的概念、訊息、數據等，有效地、有系統地進行組織、加工、整合，並以圖像化、具體化、易懂的形式，展現在我們面前。

二、何謂心智地圖法？

「心智地圖法」又稱「心智概念構圖」、「腦力激盪圖」、「樹狀圖」等，係由英國的Tony Buzan於1970年代提出的一種全腦思考潛能開發的技巧，主要是運用圖解心像聯想技術，來開啟人類左右腦放射性思考之潛能。

心智地圖法係將觀念以「圖像化」的擴散思考方式，將主題以「具象化」、「系統化」、「邏輯化」、「統整化」的方式進行組織，利用線條、文字、數字、符號、顏色、圖形等各種方式，先選定一個主題為中心，再從中心往外擴散聯想分枝，以連接其相關的數個次概念，接著再從次概念往外聯想分支，如此不斷的擴散二層、三層、甚至更多層。

心智地圖能將外界一些複雜的訊息、概念、數據進行系統邏輯的組織，並以階層分明的方式具體呈現圖像，非常適合訓練學生的思考力、增進記憶力和解決問題的能力。

三、心智地圖的特徵

未來的文盲，不再是不識字的人，而是沒有學會怎樣學習的人（聯合國教科文組織，1996）。

心智地圖可幫助學生進行有效的學習，經由思考、分析、規劃和整理各種資訊，能將複雜、無系統組織的知識進行分類，非常有利於學習、記憶、思考與統整。

（一）心智地圖的種類

一般而言，心智地圖可分成「分層分類心智地圖」與「聯想心智地圖」兩類。茲說明如下：

1.分層分類心智地圖

可將知識或事物進行分門、分層或分類，使思緒綻放（brain bloom），有利於大腦中建立整體的架構，以幫助記憶和學習。

2.聯想心智地圖

將知識或事物進行腦力激盪式的聯想，使思緒流暢（brain flow），概念不致偏離主題。繪製心智地圖時，其層次分明看得出關係，方便思考聯想之用。

（二）圖像的特色

心智地圖主要以文字、數字、符號、顏色、圖形或其他圖像來表達知識或事物之內容，其圖形主要特色包括：

1.主題擺中間，吸引注意，且一目瞭然。

2.以關鍵詞表達主、次概念，並利用分支表達從屬關係，層次分明。

3.圖像能愈活潑、生動、多樣、簡潔，並能掌握概念重點核心，則較佳。

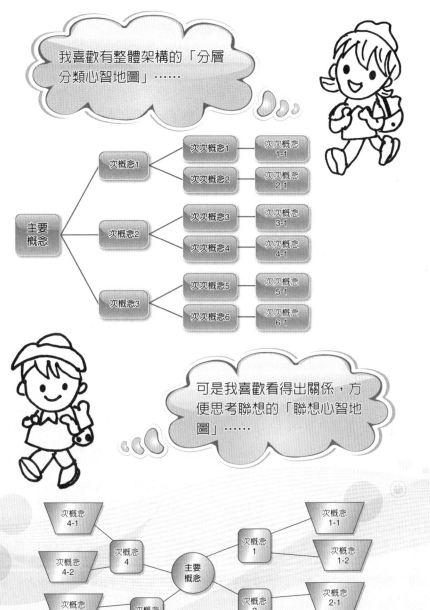

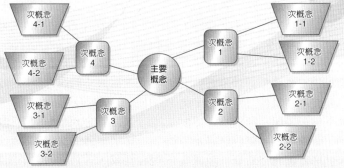

Unit 9-6
激發創造力的魚骨圖法

一、前言

「工欲善其事，必先利其器。」無論在探討問題、找出原因或尋求解決策略等方面，選擇適當的分析工具有其必要性。

魚骨圖法（fishbone diagram）雖是管理學上經常使用的方法，但若能應用在教師的教學方面，相信對教學品質的提升與創新一定非常有幫助。教師對於教學上的各種資訊，若能指導學生經由分析、關聯、歸納、整理、統整等過程，進而發現導致主要問題的原因，或找出解決問題的最佳策略等，則學生必能學到「活」的知識。

二、魚骨圖的概念

魚骨圖法是由日本管理大師石川馨（Kaoru Ishikawa）於1953年所提出，能一目瞭然地發現問題原因的情形與關係，並提出解決策略之方法，又稱「因果圖」（case & effect diagram）、「石川圖」（Ishikawa diagram）。

魚骨圖法以「問題解決」為核心，使用時通常搭配「腦力激盪法」進行，在創造思考技巧中，屬於「屬性列舉法」；在學習心理學中，則屬於「訊息處理」學習理論。魚骨圖法利用圖表方法，將某一個問題的特性（結果），與造成該特性之重要原因（要因），經由分析、歸納、關聯與整理而成為層次分明的圖形，其形狀因類似魚骨，故稱為「魚骨圖」。魚骨圖法通常包括三種類型：

（一）整理問題型魚骨圖

即各個要素或原因與主要問題（特徵值）之間不存在原因關係，而是結構的構成關係時，則需對問題進行結構化整理，以確定問題或找出主從關係。

（二）原因型魚骨圖

即魚頭在右，以找出結果為目的，主要問題通常以「為什麼……」方式書寫。

（三）對策型魚骨圖

即魚頭在左，以解決問題為目的，主要問題通常以「如何提高／改善……」方式書寫。

三、魚骨圖法的原則

使用魚骨圖法主要在於確定問題類別、找出主要問題及提出解決方案，其優點在於「把大海裡撈針，變成水池裡撈針」。而其主要的步驟，應首先確定問題的類別，接著找出主要的問題是什麼，最後則是提出解決方案。而其思考，則需要符合兩個原則：

（一）從主刺到小刺的思考

即先找出最主要的問題為何，分析導致此問題的因素是什麼，接著再逐層遞推，逐次分析導致各個小問題的因素，並對最小的問題提出解決方案，而使主要的問題得到解決。

（二）從小刺到主刺的思考

即與上述從主刺到小刺的思考程序完全相反，其乃從各個小問題，逐次地思考而漸漸地推衍出主要問題。

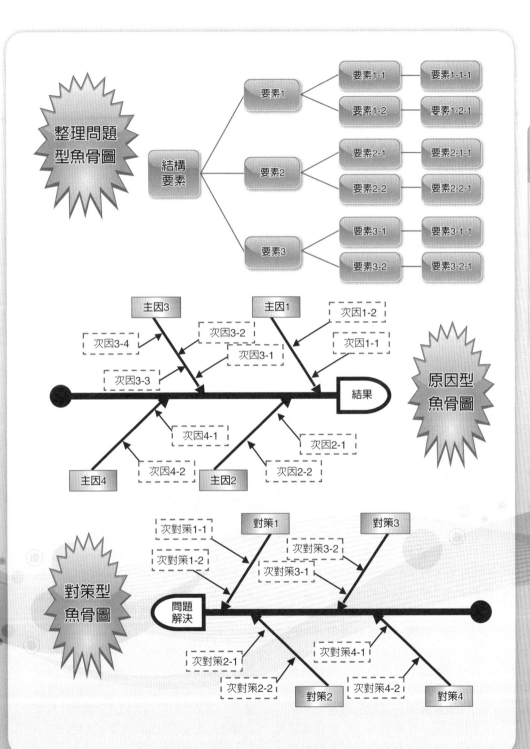

Unit **9-7**
激發創造力的六帽思考法

一、前言

當我們思考任何事情時，不應只有一種想法！「六帽思考法」（six thinking hats）的每一頂帽子，都是一種不同的思維方式，協助我們從不同的角度來思考解決所遇到的問題。

透過「六帽思考法」的多元仔細分析，可以有效減少不必要的誤解與混淆，使問題解決更容易，跟他人溝通更簡單輕鬆。

二、何謂六帽思考法？

「六帽思考法」係由英國的E. de Bono於1980年所提出，其突破傳統邏輯思維模式，以多元、簡單、有效的平行思考（parallel thinking）方式，將思考改變成六種不同的方式，以作出最佳決策。

（一）**白帽（資訊）**：白色像白紙、白色的電腦報表紙。白紙是中立無私的，它攜帶著資訊。代表客觀審視數據和資料。

（二）**紅帽（感覺）**：紅色像火焰，代表溫暖，它包含了感覺、情緒、直覺，像「藏諸內心的火」。代表將感覺、預感、直覺合理化。

（三）**黑帽（邏輯的否定）**：法官穿著黑袍，他們判斷事情時異常小心，而且絕不做沒有意義的事。代表合邏輯的否定、評估、小心謹慎。

（四）**黃帽（邏輯的肯定）**：代表陽光和樂觀，你看到陽光的時候會感覺到樂觀。代表合邏輯的肯定，找出可行性和利益點。

（五）**綠帽（創意思考）**：綠色象徵大自然和植物，代表生長、抽芽、能源，新點子欣欣向榮。代表新點子和創意思考。

（六）**藍帽（控制思考）**：藍色像天空，是一種從上而下縱覽全局的觀點，俯看思考過程。藍色是冷靜而置身事外的顏色。代表控制、組織的思考過程。

三、六帽思考法的價值

（一）六帽思考法的特性是啟動平行思考，即每一位成員在某一時間內可針對某一層面思考問題；但亦可在不同的時間，針對不同的層面加以集思廣益，因此，每位成員在每一層面都能發揮其智慧和經驗。

（二）六帽思考法是一種有建設性、設計性和創新性的思維方式，使思考者能克服情感的影響，避免單向度思維，摒棄自負或高傲，以多角度、客觀的思維去看待問題。

（三）六帽思考法可避免我們在思考某些問題時，遺漏某些資料，忽略某些事物，沒有考慮後果，忽視他人想法，太情緒化而意氣用事，或只注意到部分情況等。

（四）六帽思考法對問題以簡潔、迅速、高效率的系統化分析，把握決策和抓住機會，化危機為轉機，將問題轉變為機會，使團隊的向心力和溝通能力得到顯著提高，並在短時間內匯集更多更好的主意，刺激創新想法和解決方案。

六帽思考法

是屬於多元、簡單、有效的平行思考！

每一頂帽子都是一種不同的思維方式！

控制思考 藍帽

資訊 白帽

綠帽 創意思考

黃帽 邏輯的肯定

黑帽 邏輯的否定

紅帽 感覺

有建設性、設計性和創新性的思維方式！

避免遺漏或忽略某些資料！

簡潔、迅速、高效率的系統化分析！

特性是啟動平行思考！

Unit 9-8
激發創造力的矛盾法

一、前言

「事事有矛盾，時時有矛盾！」無論是自然界或人類社會，矛盾是普遍存在的事實。沒有矛盾的事物，是無法存在的，此即矛盾的普遍性真理。

不過在日常生活中，人與人的言談卻不能自相矛盾（contradiction），否則無法自圓其說。譬如「既要馬兒好，又要馬兒不吃草」、「魚與熊掌皆兼得」的情況，是非常容易陷入自我尷尬的窘境，此乃應是最基本的邏輯思維要求。

然而，邏輯思維上的自相矛盾，通常會呈現鮮明、強烈的對比，而產生「自我諷論」和「自我調侃」，往往會產生趣味橫生或達到幽默十足的笑果。

二、何謂矛盾法？

矛盾法（paradoxes）即將「似是而非」、「似非而是」等看似「不合理」、「自相矛盾」、「相互對立」之陳述、事實、現象或問題，進行分析、討論、辯證過程，而釐清問題的真相始末。

「矛盾」一詞出自《韓非子》的「難一」中的故事：楚人有鬻盾與矛者，譽之曰：「吾盾之堅，物莫能陷之。」以譽其矛曰：「吾矛之利，於物無不陷也。」或曰：「以子之矛，陷子之盾，何如？」其人弗能應也。夫不可陷之盾與無不陷之矛，不可同世而立。

矛盾法的對立和統一，是有助我們認識問題、看清問題、解決問題的根本方法。矛盾法將任何事物一分為二地看問題，瞭解其普遍性與特殊性的結合情形。

三、矛盾法在教學上的應用

任何事物皆有其對立性與統一性，存有相對性關係且無法分割。矛盾法教學可以有效訓練學生的辯證邏輯思維能力，經由強迫進行多元角度的思考，協助學生發現矛盾，揭露盲點，同時也能理解或體會一般人常會因時、因地制宜，而說出不同話的情況。例如，在Williams的創造思考策略中，若教師引導學生去思考世界上有哪些發明既有利於人類卻又有害於人類，即屬於矛盾法的教學策略之一。

矛盾法可以讓學生體會到其實每種現象或理論可能都是一種偏見；教師在教學中，若能引導學生綜合分析所有的理論，亦即綜合所有偏見，即「同中存異」、「異中求同」，甚至「同中尊異」，才可能讓學生理解、看見或遇見真理。

歷史上，我國孔子與西方蘇格拉底對矛盾的引導，則大相逕庭，完全不相同。

（一）孔子：當學生遇到矛盾時，孔子採取「不憤不啟，不悱不發」方式。即學生遇到矛盾問題時，先讓學生自己思考，等學生處於「憤」的情況時，教師才引導；接著讓學生繼續思考，待進入「悱」的階段後，教師再次引導，以豁然開朗、柳暗花明。

（二）蘇格拉底：當學生遇到矛盾時，以「詰問法」方式，即教師連續不斷的提問，迫使學生陷入自相矛盾的思考；接著把學生的認識逐步引向深入的層面，使問題最終得到解決。

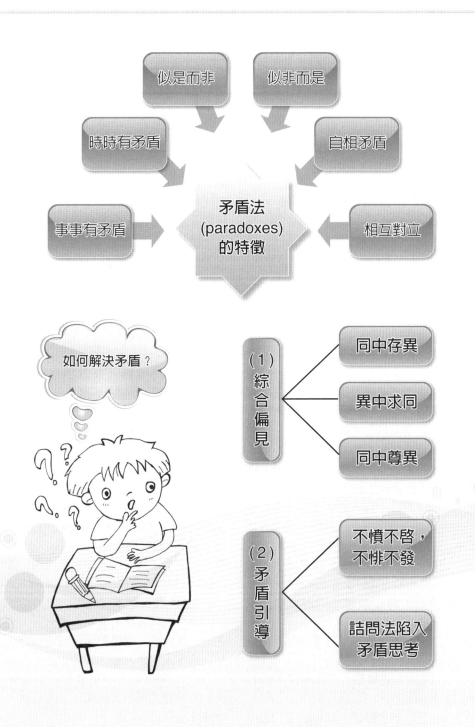

似是而非

似非而是

時時有矛盾

自相矛盾

事事有矛盾

矛盾法
(paradoxes)
的特徵

相互對立

如何解決矛盾？

(1) 綜合偏見

同中存異

異中求同

同中尊異

(2) 矛盾引導

不憤不啓，
不悱不發

詰問法陷入
矛盾思考

Unit 9-9
激發創造力的聯想法

一、前言

世界上任何事物，彼此之間或多或少皆是有關聯的，無論在形體、功能、原理、結構等各方面，都有其共同處，只要掌握它們之間的關聯，即能引起聯想。

創造力應培養學生「敏」、「精」、「奇」、「多」、「變」等五種思考能力。以流暢力（fluency）而言，即應有很「多」的創意點子，能在短時間內產生「聯想」而文思泉湧、滔滔不絕。

二、聯想法的內涵

「聯想法」（association）即以熟悉的事物來連結新的概念，以強化記憶效果的方法。其具有「形成回憶」、「增加記憶」、「促進推理」的作用，並可獲取新知，而達到溫故知新的效果。

培養學生創造力的方法很多，若將兩種沒有相關的事物結合在一起，成為一新事物，並需在有限時間內完成，即可使用「強迫聯想法」。

Jung認為，個人潛意識是透過情結（complex）的方式使人瞭解，通常可使用「字句聯想測驗」，而聯想方式如下：

（一）相似聯想：即由某一事物聯想至與其相似的其他事物。

（二）對立聯想：即事物間具對立、相反或差異的聯想。

（三）連接聯想：即事物間具因果關係。

（四）自由聯想：乃Freud精神分析的主要方法之一。

（五）類比聯想：類似的事物會產生聯想，如觸景生情。

三、聯想法的教學

聯想法的創造力教學方法相當多，茲舉以下四種經常使用的方式說明之：

（一）單字接龍

如：上下、下課、課稅、稅捐、捐款、款項、項目、目光、光線、線民、民眾、眾……等，愈多愈好，可展現思考流暢力。

（二）疊字接龍

如：明明、白白、清清、楚楚、爸爸、媽媽、公公、婆婆、汪汪、上上、下下、尋尋、覓覓、淒淒、慘慘、君君……等，愈多愈好，亦可展現思考流暢力。

（三）與動物（或數字、身體器官）有關的成語

1.動物：即與動物有關的成語，如：牛刀小試、虎頭蛇尾、狼心狗肺、狗吠火車、雞犬不寧、雞兔同籠、牛頭馬面、虎虎生風、龍蛇雜處、一石二鳥、抱頭鼠竄……。

2.器官：即與器官有關的成語，如：手舞足蹈、心肝寶貝、心胸狹窄、眼明手快、伶牙俐齒、狼心狗肺、手腦並用、耳聰目明、千手觀音、七手八腳、胸口鬱悶……。以相似原則，展現變通力。

（四）語文數字

即與數字有關的成語，如：五光十色、一言九鼎、駟馬難追、五花八門、七上八下、七手八腳、十全十美、三心二意、九牛一毛、三更半夜、四腳朝天、六神無主、二人同床、久久一次、十分得意、十分爽快……。

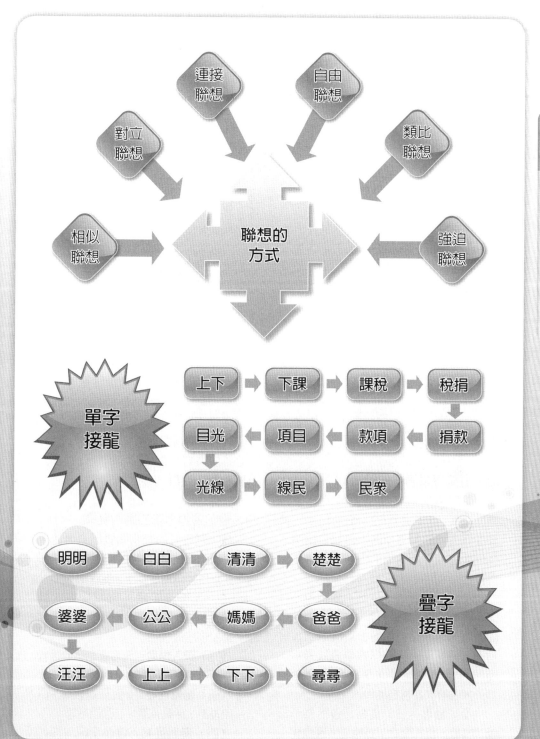

Unit 9-10
激發創造力的曼陀羅思考法

一、前言

曼陀羅思考法讓學生利用圖像、文字、符號等方式，將理念具體呈現，兼具「擴散」、「聚斂」、「圖像化」、「系統化」、「邏輯思考」的工具，亦屬創造思考的有效方法之一。

曼陀羅思考法具有「想到就寫」、「用詞簡明」、「腦力激盪」、「擴展思維」、「時時檢討」等特性，除激發學生想像力和好奇心外，並使學生具備思索未來前瞻性等高層次思考能力。

曼陀羅思考法主張應摒棄傳統唯一「線性」、「直線」的思考方式，應盡可能擴展不同的思考方向，以更「多元」和「自由」的方式來看待事物。因此，其屬於一種平面直觀式的二維式設計，可化繁為簡、以簡馭繁的思考工具，非常適合人類的左右腦思考。

二、曼陀羅思考法的理論

曼陀羅思考法源自佛教「天圓地方」之概念，其梵語是「Mandala」，其外觀為九格的長方矩陣，可以自由填入任何與主體有關的思考內容，是用以激盪創意思考的技巧之一。

曼陀羅思考法以一個主題為中心概念，向外八個空格進行「強迫思考」相關的概念，以激發出更多新的想法，又稱「九宮格法」。若以數學公式表示：曼陀羅思考法＝（水平思考＋垂直思考）×多層次九宮格運用。

曼陀羅思考法的優點，包括具可訓練「擴散」與「聚斂」邏輯思考圖像化工具；其次，激發聯想力、邏輯力及創造

力；第三，九宮格圖像的直覺化思考，更具條理和效率；第四，其理論不難，能很快瞭解並應用在生活中；第五，可運用在時間管理與自我的生涯規劃方面。

三、曼陀羅思考法的方式

學生進行漫無邊際、天馬行空、多方面的思考，固然值得鼓勵，但若未以有效思考方式善加引導，則很容易失去方向，流於不切實際。茲介紹其兩種思考方式：

（一）擴散型思考

以九宮格的中央方格為核心主題，緊扣主題向外延伸聯想相關概念，其餘八格的概念皆與核心有關聯，雖彼此不必然有相關性，但應注意構想不偏離主題太遠。

（二）圍繞型思考

以中央方格為起點，依順時鐘方向將預定的工作項目或行程逐一填入。

四、曼陀羅思考法的應用範圍

曼陀羅思考法能夠開發創意潛能，立即發現問題，提高學習與工作效率，因此，其應用範圍相當廣泛。茲說明如下：

（一）整理思緒：自我檢視、自我瞭解、安排行程、工作進度、人脈網絡、筆記技巧等。

（二）深入思考：教育或企業的經營管理與診斷、生涯規劃、目標設定等。

（三）創意啟發：創意課程教學、商業行銷規劃、活動企劃、商品開發等。

（四）溝通互動：協調交流、問題解決、聚焦與凝聚共識等。

曼陀羅思考法──天圓地方

擴散型
思考

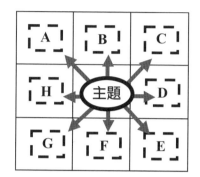

圍繞型
思考

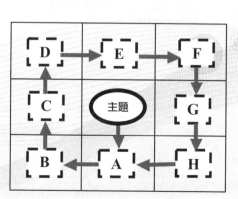

第 10 章

教育評鑑

●章節體系架構

　　教育評鑑的產生，有其特定的歷史脈絡與背景。從過去到現在，評鑑即是人們常見的一種社會活動，特別在教育上，它總是以各種不同形式出現在我們身旁。

　　本章從比較教育的觀點，分別比較我國和英、美、日等先進國家的評鑑發展，除理解中外教育評鑑發展的歷史脈絡外，並獲悉未來教育評鑑發展的趨勢，以提供中小學在推動各種教育評鑑時之參考。

Unit 10-1
教育評鑑的概念

一、教育評鑑的意義

　　教育評鑑是什麼？此即其概念性層次之問題，要認清它並非容易之事。潘慧玲（2005）指出，評鑑異於其他領域之特性或本質為何？評鑑不該只是應用的方法論而已。

　　Shadish（1998）從規範性與描述性的觀點，認為評鑑可以從「我們如何評價」、「我們如何建構知識」、「評鑑如何被使用」、「我們評鑑之對象和我們如何進行評鑑」等層面進行探討，意即描述「教育評鑑是什麼？」「教育評鑑有哪些形式？」「教育評鑑如何評鑑？」「教育評鑑做了哪些？」等事實的實然層面；其次，規範價值的「教育評鑑的意義為何？」「評鑑如何有效界定？」等應然層面。

二、教育評鑑的由來

　　教育評鑑的產生，有其特定的歷史脈絡與背景。從過去到現在，評鑑即是人們常見的一種社會活動，特別在教育上，它總是以各種不同形式出現在我們身旁。

　　盧增緒（1995）根據國外文獻指出，大家皆認為世界上最早的評鑑活動始於中國古代，然而，正式的教育評鑑觀念卻產生於外國，其中美國影響最大，其次為英國、日本及歐陸諸先進國家。

　　因此，要瞭解教育評鑑概念是如何演進的，可以分別從我國、美、英、日等先進國家在教育評鑑工作的發展進行來探究。

　　另外，從我國、美、英、日等先進國家教育評鑑發展的歷史脈絡探究中，得知教育評鑑的發展乃基於教育發展的實際需求應運而生，而其發展亦是一個相當高度專門化的工作。從教育評鑑發展的歷史演進中，其每一個階段的發展與演進，皆交錯在複雜、特殊的時空脈絡之中，其概念之形成，可說是一個動態、複雜與逐漸發展的演進歷程。

三、評鑑的本質、方法論及應用

　　評鑑的本質為何？評鑑的價值為何？評鑑之所以為評鑑，有異於其他領域的獨特之處。此乃涉及評鑑本質的概念，亦即評鑑的本質乃含有「價值判斷」（value judgment）層面議題。至於如何作價值判斷？價值判斷之規準為何？即涉及評鑑知識論與方法論層面之問題。

　　評鑑的知識論與方法論，係指何種評鑑知識為真、為有效的。評鑑知識是否有唯一的判準？誰來決定評鑑中知識的真實性、實用性或有效性？評鑑中所呈現的是誰的知識？等，成為新一波評鑑者應該關切的問題。

　　最後，在評鑑結果如何運用方面，其探討層面包括除可提供決策者直接採用或發揮啟蒙功能外，評鑑結果與決策是否有直接關係、評鑑決策過程是否涉及許多利益團體的權力角逐，以及這些政治因素如何影響評鑑決定，都是需關注之議題。

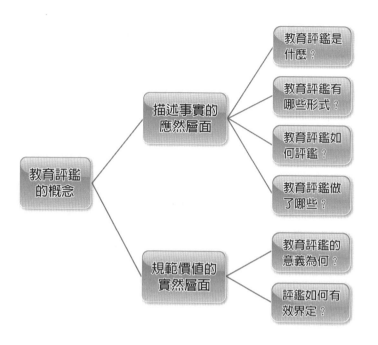

Unit 10-2
我國教育評鑑的發展

一、前言

　　教育評鑑的產生，有其特定的歷史脈絡與背景。從過去到現在，評鑑即是人們常見的一種社會活動，特別在教育上，它總是以各種不同形式出現在我們身旁。

二、我國教育評鑑的發展

　　關於我國教育評鑑的發展，一些學者將其分成古典教育評鑑萌生期、科舉時期、近代教育評鑑活動期和現代教育評鑑期（侯文光，1996）。以下分別將其說明之：

（一）古典萌生期

　　指西元606年以前，包括先秦至魏晉南北朝時代的選士測評活動。我國古代以平時記錄考察地方官吏政績，據其政績而任免或升降，無異與現代評鑑中的「系統化蒐集具體之事實與證據」、「預定評鑑之標準」和「依據預訂標準採取行動並彰顯其績效」等概念，有不謀而合之處（盧增緒，1995）。

（二）科舉時期

　　指西元606年至1905年，包括隋、唐以來至清末的科舉，其目的乃為國家拔擢優秀的文官人才。我國古代的科舉制度，造成外國部分學者認為中國有系統的評鑑觀念，遠在中國古代已具雛形和規模，而誤認為「科舉即是評鑑的雛形」，此錯誤觀念不利於國人對教育評鑑概念的認知（盧增緒，1995）。

（三）近代時期

　　自1905年至1949年，因心理教育測驗的盛行，使得教育評鑑工作與教育測量相結合，而呈現多種體制的多元發展格局。

（四）現代時期

　　吳清山、王湘栗（2004）將其分成萌芽初創階段（1949-1974年）、成長擴展階段（1975-1999年）和專業導入前期階段（自2000年起迄今）等三個階段，茲將其分述之：

1.萌芽初創（1949-1974年）

　　我國現代評鑑觀念的形成，一般皆認為始於教育部於1976年首次實施的大學評鑑。1963年5月，教育部為改進與發展國民教育，與聯合國兒童教育基金會簽署計畫方案時，便已有完整的評鑑計畫，該項計畫於1967年發表期中報告，而期終報告則公布於1970年，此教育評鑑計畫在亞洲當時是屬首創之舉（盧增緒，1995）。

2.成長擴展階段（1975-1999年）

　　此一時期的教育評鑑工作，從教育部於1975年實施的大學評鑑開始逐漸地蓬勃發展。然而，當時大部分負責推動的學者主要皆留學於美國，使得美國教育評鑑的觀念與方法，深深影響當時所進行的大學評鑑工作。此後，教育部更於1996年開始試辦四屆綜合高中評鑑。

3.專業導入前期階段（自2000年起迄今）

　　此一階段在於提倡教育評鑑應朝向專業化發展，各種評鑑的學術研究機構和研究資料如雨後春筍般成立與出刊。

230

喔……
我國評鑑的
發展原來是
如此……

科舉時期

・西元606年以前
・系統化蒐集具體之事實與證據

古典萌生期

・西元606年至1905年
・誤認「科舉即是評鑑的雛形」

・西元1905年至1949年
・教育評鑑工作與教育測量相結合

近代時期

現代時期

・萌芽初創（1949-1974年）
・成長擴展階段（1975-1999年）
・專業導入前期階段（自2000年起迄今）

231

小朋友
知道了嗎？

Unit 10-3
美國 Stufflebeam & Madaus 的評鑑

圖解教育學

232

Stufflebeam, Madaus, & Scriven（2000）將美國的評鑑歷史，大約劃分為七個階段，分述如下：

一、改革時期（1792-1900年）

美國於十八、十九世紀開始將評鑑活動引進教育領域。1792年，美國William Farish首創以標準化分數記載評量成績，為教育評鑑「改革」的開始。1815年，美國陸軍兵工署研擬製造武器標準程序而進行評鑑研究，是美國「正式評鑑」的開始。1845年，波士頓文法學校的小論文筆試，取代行之已久的口試制度，是美國正式評鑑「學校表現」的濫觴。而被譽為「評鑑實驗設計先驅」的Joseph Rice，於1887年至1898年間，在美國實施「第一次正式的教育方案評鑑」。

二、效率及測驗時期（1900-1930年）

此時期的評鑑發展，主要係受泰萊（F. Taylor）的系統化、科學化和追求效率的科學化運動影響。其次，心理教育測驗的普遍發展，導致一些大型的學校採用不同的準則（如：經費、學生輟學及升學率等）來調查學校和教師的效率。

三、Tyler時期（1930-1945年）

美國的Tyler被尊稱為「教育評鑑之父」，於1933年至1940年的「八年研究」（eight-year study）中，首次使用「評鑑」（evaluation）一詞於教育。此研究不但促使後續的各種課程改革方案之興起，亦引進教育評鑑的概念來進行診斷與評估方案的可行性或績效責任。

四、純真時期（1946-1957年）

此時期由於美國遠離戰爭和經濟蕭條，逐漸累積資本與擴充資本，使教育不斷擴充，各種標準化測驗雖陸續出現，但卻未有教育的評鑑或改進教育品質的方案，使教育評鑑處於真空狀態。

五、發展時期（1958-1972年）

在此時期是教育評鑑進入專業的關鍵時期。此時期，Tyler評鑑模式、標準化測驗、專業判斷等，紛紛應用於評鑑計畫和田野實驗評鑑課程發展成果，乃此時期主要的評鑑方法。

六、專業化時期（1973-1983年）

專業化階段初期，評鑑者充滿困惑、焦慮，並面臨了身分認同的危機，評鑑這門學科幾乎沒有學術地位與政治的影響力。為了突破困境，教育評鑑學者致力於朝向專業化發展。此時期許多期刊開始發行，如CEDR季刊、《教育評鑑研究》等。

七、擴張與整合時期（1983-2001年）

此時期隨著經濟成長，評鑑領域不斷地擴充與整合。在擴充方面，從二十幾個國家評鑑專業社群的學者齊聚一堂，引進各種教育改革運動方案評鑑及進行績效責任與結果的檢測，即可窺知。在整合方面，社會科學的評鑑研究社（ERS）和教育評鑑人員組成的評鑑網，合併成立美國評鑑學會（American Evaluation Association, AEA），將各學科領域的評鑑思想與方法加以整合。

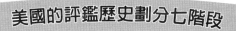

美國的評鑑歷史劃分七階段

一、改革時期
（1792-1900）

美國於十八、十九世紀開始
將評鑑活動引進教育領域

二、效率及測驗時期
（1900-1930）

受Taylor的系統化、科學化
和追求效率的科學化運動影
響，以及心理教育測驗的普
遍發展

三、Tyler時期
（1930-1945）

1933年至1940年的「八年研
究」中，首次使用「評鑑」

四、純真時期
（1946-1957）

未有教育的評鑑或改進教育
品質的方案，使教育評鑑處
於真空狀態

五、發展時期
（1958-1972）

教育評鑑進入專業的
關鍵時期

六、專業化時期
（1973-1983）

教育評鑑學者致力於朝向
專業化發展

七、擴張與整合時期
（1983-2001）

將各學科領域的評鑑思想與
方法加以整合

Unit 10-4
美國 Guba & Lincoln 的「世代」評鑑

Guba & Lincoln（1989）認為，過去大家皆把評鑑視為一個十分「科學化」、「客觀化」與「系統化」的歷程，具有描述、預測、解釋與控制學校教育品質的功能，然而卻忽略了教育評鑑所應該具有的社會、政治與人性需求的層面。

因此，他們參酌不同的「典範」（paradigm）概念，來區隔1910年以後各成功的評鑑典範，並以「世代」（generations）發展的階段，將評鑑發展分成四個世代，茲將其分述如下：

一、第一代評鑑（1910-1930年）

將「測量」（measurement）測驗的內容視為評鑑，即評鑑等同標準化的測驗，教師使用測驗測量學生的能力，並依據學生的學習表現，比較組間的差異或將測驗結果與常模比較，以瞭解他們的相關位置。而其評鑑者與受評者之間的關係，是屬於評鑑者「評量」參與者關係。不過，此卻幾乎完全忽略「價值判斷」因素，評鑑只是流於技術性導向的工作而已。

二、第二代評鑑（1930-1967年）

第二代評鑑主張使用描述「客觀事實」為評鑑的方法，將評鑑視為「描述」（description）客觀事實，測驗只是評鑑的手段，為瞭解學生實際真正的表現，允許教師描述學生間的差異，以釐清學生表現與目標間的差距。而其評鑑者與受評者之間的關係，則是屬於評鑑者「描述」參與者的關係。

三、第三代評鑑（1967-1987年）

以「判斷」（judgment）取向為評鑑，將評鑑視為判斷過程。然而，若評斷方案或學生表現的資料缺乏客觀或標準化的判斷規準，則容易使評鑑結果的可信度和客觀性降低，推論也比較不易。

此評鑑之發展，係源自「社會公平」議題，主張評鑑者即是判斷者，評鑑者與受評者之間的關係，屬於評鑑者「評斷」參與者的關係。

四、第四代評鑑（1987年以後）

將視評鑑為溝通（communication）與協商（negotiation）的歷程，強調所有相關的利害關係人（stakeholders）共同參與。認為評鑑根本無法真正陳述被評事物的真實情況或事實，評鑑乃是評鑑者、受評者與相關人員之間交互作用與共同建構意義的過程，而評鑑之建構與情境脈絡中物質的、心理的、社會的與文化的背景，亦有密不可分的關係。其評鑑者與受評者之間的關係，是屬於評鑑者「回應」參與者的關係。

由Guba & Lincoln（1989）評鑑世代演進的看法得知，1981年以後受到典範轉移概念的影響，評鑑也從量的描述（測驗）到兼具質的描述（客觀事實陳述）和價值判斷，進而重視評鑑者及受評者之間所有利害關係人的涉入或參與，而且其關係是立於平等且互為主體性的關係，其看法也使得評鑑的範疇與意義更加明確與周延，這對評鑑的發展具有深遠的意義與價值。

請大家看看
美國教育評鑑的
發展吧！

第一代評鑑
（1910-1930年）

1.測量即評鑑
2.評鑑等同標準化測驗
3.完全忽略「價值判斷」
　因素

第二代評鑑
（1930-1967年）

1.評鑑即描述「客觀事實」
2.測驗只是評鑑的手段
3.以描述方式呈現學生表現
　與目標之差異

第三代評鑑
（1967-1987年）

1.評鑑即判斷過程
2.評鑑結果的可信度和客觀
　性降低，推論不易
3.評鑑源自「社會公平」議
　題

第四代評鑑
（1987年以後）

1.評鑑即溝通與協商的歷程
2.強調所有利害關係人共同
　參與
3.評鑑的建構與情境脈絡中
　物質的、心理的、社會的
　與文化的背景，密不可分

Unit 10-5
英國教育評鑑的發展

　　潘慧玲（2005）指出，相較於美國，英國的評鑑與課程發展是連結在一起的，教育評鑑即等同課程評鑑。在英國教育評鑑發展史上，英國皇家督學扮演相當重要的角色。

　　茲引述溫明麗（2005）對英國教育評鑑緣起的論述，以重要事件年代為其發展的分水嶺，將英國教育評鑑的發展概況分述如下：

一、萌芽期（1830-1839年）

　　英國在1830年才有第一所公立學校，1839年任命首任皇家督學，才開啟皇家督學（Her Majesty's Inspectors, HMI）視導或評鑑學校的需求。

二、1902教育法案時期

　　二十世紀以後，英國受國家資助的中等學校逐漸蓬勃發展，1902年的教育法案（Education Act）成立了「地方教育局」（LEA），皇家督學也大量增加，開始負責中小學和技術中學之評鑑任務。

三、1944教育法案時期

　　1944年教育法案，將義務教育提高到十五歲，使得學校數擴增，皇家督學也增至五百人。但因當時英國中小學課程採取自由放任的地方分權制，由學校教師自行設計並決定教學內容，因而皇家督學也未對學校課程加以督導。

四、1960年至1970年時期

　　1960年至1970年間，隨著「兒童中心」教育理念興起，皇家督學開始注意學校的課程品質與學校教育績效的問題。

五、1970年代以後

　　皇家督學評鑑制度逐漸步入正軌，不但需要定時到學校視導，調查學校教育品質，也開始聘任全職的督學進行視導與評鑑，並將其結果知會教育部，提供政府和家長對學校教育品質之參考。

六、1980年代以後

　　開始出版學校評鑑報告書。1983年，英國教育科學部在《教學品質》（Teaching Quality）白皮書中，提出教師評鑑，強調「教育品質」，並確立教學評鑑內涵。1985年並在《改善學校》（Better Schools）白皮書中強調定期與正式評鑑的必要性（傅木龍，1995）。1988年的教育改革法案後頒布實施「國定課程」，其成果也是政府檢討教育的重點，皇家督學除對學生學習成效進行評鑑外，也評鑑國定課程的實施是否適合各個學生之需求。

七、1992年以後

　　英國的「皇家督學」在教育評鑑發展，乃英國教育史上獨樹一格之特色，且自始至終扮演舉足輕重的角色。英國自1992年以後，將皇家督學室改為「教育標準局」，但皇家督學名稱未改，此後約四年評鑑學校一次，將評鑑結果知會政府，並將評鑑品質告訴家長，讓家長可以為其子女選擇適合的學校，激起學校彼此之間的競爭，在政府和家長之間扮演相當重要的功能，因而始終有其不可抹滅的地位。

英國教育評鑑的發展

一、萌芽期
（1830-1839）
→
1839年任命皇家督學開啟視導或評鑑學校的需求

二、1902教育法案時期
→
· 成立了「地方教育局」（LEA）
· 皇家督學大量增加，開始評鑑中小學和技術中學

三、1944教育法案時期
→
義務教育提高到十五歲，但皇家督學未評鑑監督學校課程

四、1960-1970時期
→
· 「兒童中心」教育理念興起
· 皇家督學開始關注學校的課程品質與教育績效

五、1970年代以後
→
皇家督學評鑑制度逐漸步入正軌，且需要定時到學校視導

六、1980年代以後
→
· 開始出版學校評鑑報告書
· 提出教師評鑑，強調「教育品質」，並確立教學評鑑內涵

七、1992年以後
→
皇家督學室改為「教育標準局」，但皇家督學名稱未改，此後約四年評鑑學校一次

Unit **10-6**
1990 年以前日本教育評鑑的發展

1990年以前日本的學校評鑑，一般咸認為皆引進自美國，但部分學者認為在第二次世界大戰前，已有類似學校評鑑的想法（楊思偉，2004）。其次，有關日本前現代教育評鑑的用語，通常以「評價」代表學生成績評量或評鑑之意，此則與一般使用「教育評價」代表「成績評量」之意有所差異。以下將日本教育評鑑發展情況說明如下：

一、萌芽期：第二次世界大戰前（**1945年以前**）

日本的視學制度構想始於1872年，1885年文部省設置視學部，建立中央視學制度的相關規定，以「認可」相關優良學校，此即日本評鑑之濫觴。

1912年起，日本展開「教育學的科學化」並進行「學校調查」工作，此即含有「學校評鑑」的思考。此外，以科學方法對學校的學生素質、努力學習成果、教師素質和學校經營的適切與否進行調查與檢測，此即日本開始產生評鑑的萌芽期。

二、移植期（**1950-1955年**）

此時期受美國民主主義影響，屬「移植期」的學校評鑑，其評鑑類型大致分成兩類：(1)從教職員全體意志觀點，理解學校評鑑意涵；(2)學校的自我評鑑乃教職員間激發自我改善的動機，以此作為引入外部客觀評鑑的基礎。然而，因未考慮實際情況，直接引進美國認可制的評鑑規準，因此，各個學校幾乎皆未實施。

三、中央統制期（**1955-1965年**）

1955年以後，學校自主評鑑逐漸式微，由「中央控制」取而代之以提升公共教育水準為主，對於教科書的檢定、教職員的個別鑑定、學校管理與學力檢定，皆以「外部評鑑」或「監督」方式進行。

四、發展期（**1965-1989年**）

此時期主張以「計畫(P)—實施(D)—評鑑(S)」的實踐流程進行評鑑。1965年以後，學校評鑑再度受到重視，係因關心學習指導要領實施情況，及受到一般企業管理的影響，並期望學校經營追求民主化與合理化，和教職員的專業觀點追求自律的教師圖像等。然而，此時期由於學校內外的對立，對學校評鑑採取迴避的態度；不過，也因此造成全國學力測驗的問題，促使學校評鑑的相關政策再度被提出重新檢討。

1970年以後，以提高組織體的凝聚性為目的，其論點集中於學校經營的教育評鑑上。不過學者卻有各種不同的看法與主張，有的主張「教育目標」要具體化，有的認為「教學活動」才是重點，有的強調應與「課程評鑑」緊密結合，也有認為「動態的評鑑過程」比較重要，和教育評鑑應與地區教育經營結合以規劃更精密的評鑑計畫等。此則顯示日本對教育評鑑的相關內容已逐漸具體化。

1985年以後，由於課程標準修訂公布，不但學校經營評鑑是全國性評鑑重點，課程評鑑也成為評鑑的重點，診斷學校問題的評鑑亦成為關注的焦點。

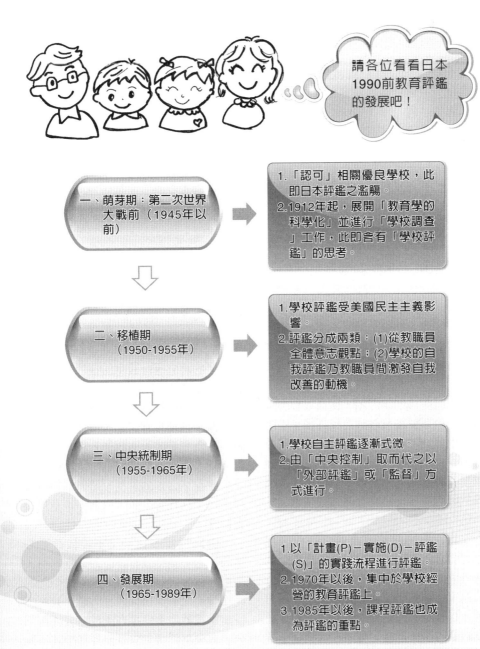

請各位看看日本1990前教育評鑑的發展吧！

一、萌芽期：第二次世界大戰前（1945年以前）

1.「認可」相關優良學校，此即日本評鑑之濫觴。
2.1912年起，展開「教育學的科學化」並進行「學校調查」工作，此即含有「學校評鑑」的思考。

二、移植期（1950-1955年）

1.學校評鑑受美國民主主義影響。
2.評鑑分成兩類：(1)從教職員全體意志觀點；(2)學校的自我評鑑乃教職員間激發自我改善的動機。

三、中央統制期（1955-1965年）

1.學校自主評鑑逐漸式微。
2.由「中央控制」取而代之以「外部評鑑」或「監督」方式進行。

四、發展期（1965-1989年）

1.以「計畫(P)－實施(D)－評鑑(S)」的實踐流程進行評鑑。
2.1970年以後，集中於學校經營的教育評鑑上。
3.1985年以後，課程評鑑也成為評鑑的重點。

Unit 10-7
1990 年以後日本教育評鑑的發展

　　面對二十一世紀的挑戰，推動教育評鑑已成為全世界教育改革的趨勢，日本亦無法置身事外。1987年，日本的「臨時教育審議委員會」（簡稱臨教審）公布《教育改革報告書》，持續推動學校教育改革的相關政策（楊思偉，2004）。其中，學校教育自我評鑑受到相當的關注。茲將日本於1990年以後的教育評鑑，分成兩個時期敘述之：

一、調整期（1990-2000年）

　　日本於1990年以後，由於「教師問題」、「踐踏學童人權問題」、「欺凌與逃學問題」的現象層出不窮，使得學校及教育行政的責任受到重視，追求學校「績效責任」的明確化成為關注的重點。

　　因而在1990年開始，從高等教育進行學校教育評鑑及教師自我評鑑。而中小學則於2002年修訂公布「小學校設置基準」及「中學校設置基準」後，強調以自我評鑑結果為基礎，不斷檢視及改善教師的課程及指導計畫與教學方法，乃是一種責任與義務。

　　此時期由於教改及其他關注的現象之差異，使得學校教育評鑑再度受到廣泛討論與重新定位，大家皆非常期待透過重新調整學校教育評鑑的功能和角色，以解決學校教育所面臨的問題。而此時期的學校評鑑之規準，大致係由教育委員會、教育中心或教育研究單位等以績效責任的觀點發展出來的。在高中評鑑的特色方面，也加入學生、家長、

社區人士等之「外部評鑑」。

二、改革時期（2000年以後）

　　2000年以後，日本所推動的教育評鑑，被稱為「新一波評鑑期」，其主要原因有三點；第一，引入「形成性評鑑」的觀點；第二，重視「教學評鑑」的觀點；第三，學力保障的組織發展等（楊思偉，2004）。

　　此時期的教育評鑑改革趨勢，重點在於推動「學校自我診斷」的評鑑方式。評鑑分為校長、教師、家長、學童等四類，並依不同類型學校分別製作，並致力於評鑑內容的結構化、評鑑規準參考的研發、實施評鑑調查研究和評鑑委員會的設立等，其目的在於讓日本的教育評鑑發展走向專業化。

　　日本的學校自我評鑑理念，係奠基於以減少各種教育問題，以及家庭與社區也應負兒童成長有關的各種教學活動之責任，因此，建立家庭與地區社會及學校能互相合作的體制，透過學校自我評鑑，並向社會公布，以進一步達成教育目標。

　　由此可知，目前日本現代教育評鑑的觀念，是從教育問題的產生而引入評鑑的觀念與作為，期待透過科學化的評鑑機制，解決學校教育問題。其次，目前學校評鑑重點擺在學校自我評鑑部分，未來將逐步走向外部評鑑模式。此外，評鑑亦使教育的績效責任明確化，除追求更合理與民主化的學校教育經營外，也保障教育的品質與績效。

喔……我知道日本
1990年後教育評鑑
的發展了！

一、調整期
（1990-2000年）

➡

1. 追求學校「績效責任」成為關注的重點。
2. 1990年開始，從高等教育進行學校教育評鑑及教師自我評鑑。
3. 加入學生、家長、社區人士等之「外部評鑑」。

二、改革時期
（2000年以後）

➡

1. 被稱為「新一波評鑑期」。
2. 引入「形成性評鑑」的觀點並重視「教學評鑑」的觀點。
3. 推動「學校自我診斷」的評鑑方式。評鑑分為校長、教師、家長、學童等四類。

第十章 教育評鑑

241

Unit 10-8
教育評鑑的多元模式

一、前言

　　教育是充滿價值成分的活動，評鑑也是充滿價值判斷的活動，教育評鑑模式不應受某個意識型態的影響，而流於單一取向，應以多元導向才能眞正及完整地瞭解、發現教育的問題或現象。

二、教育評鑑之模式

　　不同學者有不同的立場與思考，而紛紛提出各種評鑑模式。

（一）目標模式（objective model）

　　素有美國「教育評鑑之父」之稱的Tyler，於1930年至1940年對中等學校進行「八年研究」，促使學者由測驗概念轉入評鑑概念的研究。Tyler（1942）提出「目標評鑑模式」，根據所蒐集的資料逐一檢核「目標」和「行爲表現」一致性程度。

（二）外貌模式（countenance model）

　　Robert Stake（1967）批評非正式評鑑的盛行及正式評鑑的缺點，主張應樹立教育評鑑新面貌，強調預期與非預期效果。評鑑應兼具描述和判斷，評鑑整體面貌，強調建立「先在因素」，並重視評鑑方案和既定標準的比較。

（三）差距模式（discrepancy model）

　　由Provus（1969）所提倡，旨在比較「應然」（標準）和「實然」（表現）之間的差距，以作爲改進方案的依據。其和CIPP模式類似，過程包括輸入（界定方案標準）、過程（表現與標準是否有差異）與輸出（改變表現或變更方案標準）。其優點強調標準，矯正以往評鑑只重視方案間的比較。

（四）CIPP模式

　　Stufflebeam（1971）認爲，評鑑最重要的工作並非作判斷或決策，乃是提供資料給決策者，此模式包括：(1)背景（context）：提供正確目標依據；(2)輸入（input）：確定如何運用資源以達成目標；(3)過程（process）：提供定期回饋；(4)成果（product）：瞭解教育系統產生的結果。

（五）對抗模式（adversary model）

　　Wolf和Owens（1970）強調對抗方式可保持知識的誠實，其評鑑包括：「比較新舊課程價值」、「從正、反觀點選擇新教科書」、「評估革新與現存制度之相合性」、「揭示不同立場對同一資料的差異解釋」、「告知教師、督學以及行政人員」、「解決效能表現契約」、「達成可執行之決定」。

（六）消費者導向模式

　　Scriven（1972）提倡，其認爲評鑑者需從消費者需要的觀點來確認眞正的成果，以及評估此等成果的價值。

（七）認可模式（accreditation model）

　　美國密西根大學（1871）提倡，亦稱「內部標準評鑑」，係指課程方案或教育機構，被認定符合某些標準的過程。此模式首在建立認可的最低標準，再由受評學校自評，專家前往訪視，若發現缺失則予經費及改進機會，並再安排複評。

（八）藝術鑑賞模式

　　Eisner和Kelly（1985）主張評鑑應融入美學概念。評鑑應以鑑賞家身分，對作品進行批判性的評鑑。

教育評鑑的模式

1.目標模式 — 根據所蒐集資料逐一檢核「目標」和「行為表現」一致性程度

強調預期與非預期效果，評鑑應兼具描述和判斷 — **2.外帽模式**

3.差距模式 — 旨在比較「應然」（標準）和「實然」（表現）之間差距

評鑑最重要工作並非作判斷或決策，乃提供資料給決策者 — **4.CIPP模式**

5.對抗模式 — 評鑑目的在保持知識的誠實

從消費者需要的觀點，來確認真正的成果及評估此等成果的價值 — **6.消費者導向模式**

7.認可模式 — 此模式首在建立認可的最低標準，再由受評學校自評，專家前往訪視

評鑑應融入美學概念 — **8.藝術鑑賞模式**

Unit 10-9
學校如何進行教育評鑑

一、教育評鑑的重要性

　　教育評鑑乃系統化的資料蒐集和價值判斷的活動，具有檢核學校校務運作效能與辦學績效的功能與目的。「教育基本法」第9條規定：政府負有執行全國性教育事務，進行教育統計、評鑑與政策研究之教育權。此即代表學校實施教育評鑑的合法性！

　　學校教育評鑑是對學校運作相關之層面，及學生學習過程和成效，進行總體或部分層面的價值判斷，其目標在「促進學校自我轉化」及「檢核績效責任」，協助學校找出缺失，謀求改進之道，進而發揮其最大的教育功能。相對地，主管教育行政機關可藉此瞭解學校辦學功能與其整體教育狀況，以作為擬定相關教育政策之參考。

二、學校教育評鑑的內涵

　　通常進行學校教育評鑑應考量的內涵，大致包括如下：

　　（一）評鑑目的：即評鑑企圖達成的方向或目標為何？

　　（二）評鑑內容：即要評鑑什麼？評鑑範圍為何？應否兼重形成性與總結性？

　　（三）評鑑人員：誰來進行評鑑？（內部或外部評鑑）

　　（四）評鑑方法：如何進行評鑑？（自評、外部、內部）

　　（五）評鑑時間：何時評鑑？評鑑要進行多久？

　　（六）評鑑標準：即評鑑標準如何訂？

　　（七）評鑑結果：評鑑了又如何？

三、學校教育評鑑的指標

　　針對學校教育評鑑的指標，看法分歧。當學校進行自我評鑑時，可透過正式或非正式的方式討論之，其大致可分成：

　　（一）校長領導：包括辦學理念、專業素養、領導作為、形象風格等。

　　（二）行政管理：包括校務計畫、制度健全、行政運作、危機管理、財務管理、資訊管理、人事管理等。

　　（三）課程教學：包括課程發展、教材編選、適性學習、有效教學、專業精進、學習輔導、教學評量、特殊教育等。

　　（四）輔導管教：包括生活教育、多元發展、自治參與、體育衛生、弱勢扶助、適性發展、輔導諮商、生命教育、性別教育等。

　　（五）環境設備：包括校園環境、空間配置、教學設施、圖資設備、安全維護、資源整合等。

　　（六）績效表現：包括學校聲望、教師專業、學生表現、社區認同等。

　　（七）特色發展：如特殊表現等。

　　由此可知，當進行學校教育評鑑時，應仔細觀看每一件課程及教學事情或學校特色的實施過程，而非只注重最後產出的結果而已，如檢視相關報導、照片、影音或書面資料呈現的過程。其次，以個別或集體訪談方式，詢問學校的教師，學生家長的看法。評鑑結果應建立修正與回饋系統的追蹤輔導制度，以提供課程實踐及教學實施的參考。

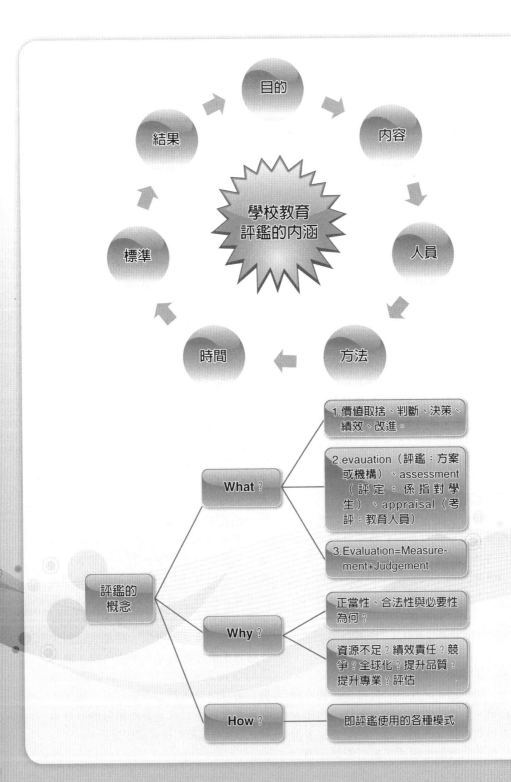

Unit 10-10
教育評鑑的未來發展趨勢

評鑑雖是教育活動中普遍存在的事實，但是專業化與系統化的教育評鑑，在人類教育評鑑發展史上，卻仍是相當短暫。從上述關於教育評鑑的概念和各國教育評鑑的演進之敘述與分析，可瞭解教育評鑑的未來發展趨勢。茲將其分別說明如下：

一、教育評鑑應走向更專業化

未來，教育評鑑應走向更專業化，包括應設立教育評鑑專責機構、研究單位、出版學術刊物等外，更應訂定具體的專業評鑑指標，確立教育評鑑的方法論，詳細的評鑑準則，標準化的調查問卷，評鑑時間應夠長，評鑑結果處理的慎思熟慮，進行後設評鑑或追蹤評鑑等，使教育評鑑在此適當的規範下，確保其應有的專業水準。

二、教育評鑑應逐漸整合趨勢

教育評鑑應用領域，除了在教育、心理等領域外，亦逐漸擴展至行政、管理等其他領域，因而被譽為是一門學術領域或超學門（transdiscipline）領域。而各種教育評鑑不斷出現，使得評鑑的形式意義大於實質意義，因此需要加以整合，才能發揮教育評鑑的功能。

三、建構本土化之教育評鑑

近幾年來，我們的教育評鑑皆移植自英、美等國教育評鑑的理論、典範、規準與方式，然而，我們應認真思考這些移植的理論、模式，是否能真正適合我們教育的實際情況，才不致過於偏狹窄化它。畢竟，我國與美國的文化還是有差異性存在，如何避免產生「橘逾淮而為枳」的現象，值得我們慎思熟慮。

因此，建構本土化的教育評鑑理論、典範、規準與機制，並非是「去殖民化」或「非美國化」，而是根植於在地經驗，重新建構符合我們歷史文化，彰顯我們教育主體性與適合我們自己的教育評鑑機制，如此，對我國教育評鑑的發展才具有實質助益。

四、進行後設評鑑或評鑑研究

教育評鑑與研究評鑑分開進行，不同單位進行不同評鑑，採用指標也不相同。評鑑從不同角度、不同的評鑑人員，使評鑑更具公正、公平、客觀與說服力。有效的教育評鑑，其評鑑資料應多樣化，以作為客觀判斷的依據。

五、訂定教育評鑑共同倫理準則

老子曾說：「道不遠人，遠人非道。」教育評鑑不應僅是一味追求科技理性的績效責任，而忽略人性的倫理道德層面之彰顯。因此，為確保教育評鑑品質的真實性與客觀性，應共同訂定教育評鑑的專業倫理守則。評鑑者應對受評鑑者不帶任何偏見或刻板印象，盡可能地保持客觀中立的立場與信念，尊重、嚴守保密與利益迴避原則，確保受評鑑者之最高利益，並對報告內容負責與促進社會福祉的社會道德責任。

未來教育評鑑
該何去何從呢？

Go!Go!Go!
繼續向前邁進

教育評鑑應走向更專業化

教育評鑑應逐漸整合趨勢

建構本土化之教育評鑑

進行後設評鑑或評鑑研究

訂定教育評鑑共同倫理準則

參考文獻

中文部分

朱敬先（2011）。教育心理學——教學取向（初版十刷）。臺北市：五南。

李慧菊（1988）。謊言變成真理？遠見雜誌，26。

自由時報（2012）。英語雙峰現象恐蔓延到高中。2014 年 4 月 23 日，取自 http://mag.udn.com/mag/edu/storypage.jsp?f_ART_ID=397890。

自由時報（2014）。李家同：拜託教改休兵　不要再鬧了！2014 年 4 月 23 日，取自 http://news.ltn.com.tw/news/life/paper/772364。

自由時報（2014）。挺太陽花 IT 大老：學生具高 IQ 及 EQ。2014 年 4 月 23 日，取自 https://tw.news.yahoo.com/ 挺太陽花 -it 大老 - 學生具高 iq 及 eq-22117698。

余民寧（1997）。有意義的學習——概念構圖之研究。臺北市：商鼎文化。

吳清山、王湘栗（2004）。教育評鑑的概念與發展。載於教育資料輯刊，29，頁 1-26。臺北市：國立教育資料館。

吳清山、林天祐（2003）。藍帶學校。教育資料與研究，50，115-116。

吳清山、林天祐（2005）。教育新辭書，頁 82-83。臺北市：高等教育。

林進材（1997）。教師教學思考：理論、研究與應用。高雄市：復文。

林進材（2000）。有效教學：理論與策略。臺北市：五南。

林玉体（1985）。西洋教育史。臺北市：文景。

林永豐（2003）。專門學校持續擴張鼓勵中學發展特色。英國文教簡訊。

林志成（2011）。特色課程的意涵、特性與理論。搜尋日期：2014 年 7 月 10 日。網址 http://163.19.163.43/upfilesm//tetra/103/646/f513_3zx71.pdf

林寶山（1990）。教學原理。臺北市：五南。

周慧菁（2009）。全球成長最快的教育體系——華德福。親子天下，40。

周業謙、周光淦譯（2005）。社會學辭典。臺北市：貓頭鷹。

周淑卿（2002）。誰在乎課程理論？——課程改革中的理論與實務問題。第三屆課程與教學論壇「課程改革的反省與前瞻」學術研討會論文集（下冊），頁 37-47。臺北市：國立臺北師範學院課程與教學研究所、中華民國課程與教學學會。

侯文光（1996）。教育評價概論。大陸：河北教育出版社。

張光甫（1998）。教育論叢。高雄市：復文。

張春興（1995）。張氏心理學辭典（第二版第三刷）。臺北市：東華。

張春興（1996）。教育心理學：三化取向的理論與實踐（修訂版第一刷）。臺北市：東華。

張春興（1997）。現代心理學（第 22 刷）。臺北市：東華。

張明輝（1998）。美國磁力學校計畫及其相關研究。載於國立暨南國際大學比較教育研究所主編比較教育，45，頁 61-71。

參考文獻

陳龍安（2006）。創造思考教學的理論與實際。臺北市：心理。

施良方（1997）。課程理論。高雄市：麗文。

歐用生（2003）。誰能不在乎課程理論？——教師課程理論的覺醒。教育資料集刊，28，頁 373-387。

教育部（2003）。創造力教育白皮書：打造創造立國度。臺北市：教育部。

梁慧穎（2007）。M 型教育的隱憂。世新大學新視界——教學卓越電子報。2014 年 4 月 23 日，取自 http://cc.shu.edu.tw/~ctepaper/19-wave.htm。

維基百科（2014）。華德福教育。搜尋日期：2014 年 7 月 10 日。網址 http://zh.wikipedia.org/wiki/%E5%8D%8E%E5%BE%B7%E7%A6%8F%E6%95%99%E8%82%B2。

溫明麗（2005）。英國教育評鑑之後設分析。載於教育評鑑的回顧與展望，潘慧玲主編，頁 357-381。臺北市：心理。

楊思偉（2004）。日本教育評鑑相關問題之探討。載於教育資料輯刊，29，頁 413-436。臺北市：國立教育資料館。

潘慧玲（2005）。邁向下一代的教育評鑑：回顧與展望。載於教育評鑑的回顧與展望，潘慧玲主編，頁 3-36。臺北市：心理。

盧增緒（1995）。論教育評鑑觀念之形成。載於教育評鑑，中國教育學會主編，頁 3-59。臺北市：師大書苑。

聯合國教育科學及文化組織（1996）。學習：內在的財富。

蘋果日報（2009）。「自我價值不能用錢衡量」，克魯曼為大學生解惑「培養通才」抗失業。2014 年 4 月 23 日，取自 http://appledaily.com.tw/appledaily/article/headline/20090516/31633750/applesearch/「自我價值不能用錢衡量」。

蘋果日報（2012）。「聰明不見得能創新」，林百里籲教改學韓國。2014 年 4 月 23 日，取自 http://appledaily.com.tw/realtimenews/article/life/20120305/113133/applesearch/。

饒見維（2000）。如何培養教師之課程設計能力以因應九年一貫課程。教育資料與研究，34，頁 1-17。

參考文獻

西文部分

Abraham, A., Schubotz, R. I., & von Cramon, D. Y.(2008). Thinking about the future versus the past in personal and non-personal contexts. Brain Research, 1233, 106-119.

Althusser, L.(1971). Ideology and ideological state appratuses. In Lenin and philosophy, and other essays. London: New Left Books.

Anderson, L. W. & Krathwohl, D. R. (2001). A taxonomy for learning, teaching, and assessing. New York: Longman.

Anderson, L. W. (1999). Rethinking Bloom's Taxonomy: Implications for testing and assessment. ED 435630.

Apple, M. W. (1993). Official knowledge: Democratic education in conservative age. New York: Routlege.

Apple, W. M.(2002). Ideology and curriculum (2nd. Ed.). New York: Rouledge.

Bernstein, B.(1971). On the classification and framing of educational knowledge. In MFD Young (ed). Knowledge and Control: New directions for the sociology of education. London: Collier MacMillan, 47-69.

Bernstein, B.(1981). Codes, modalities and the process of cultural reproduction: a model. Language and Society, 10, 327-363.

Bloom, B. S. et al.(1965). Taxonomy of educational objectives: The classification of educational goals: Handbook I, cognitive domain. New York: Longman.

Blumberg, P. (2008). Developing learner-centered teachers: A practical guide for faculty. San Francisco: Jossey-Bass.

Bourdieu, P.(1973). Cultural Reproduction and Social Reproduction. IN R. Brown (ed.) Knowledge, Education and Cultural Change: Papers in the Sociology of Education, 71-112. London: Tavistock.

Brophy, J. S.(1982). How Teachers Influence What is Taught and Learned in Classrooms. The Elementary School Journal, 83(1), 1-14.

Dewey, John.(1916). Democracy and Education. New York：Macmillanco.

Eisner, E. W.(1985). The Art of Educational Evaluation: A Personal View. London: The Falmer Press.

Eisner, E. W. (1994). The educational imagination: On the design and evaluation of school programs.(3rd ed.). New York: Macmillan. Eisner, E. W.(2002). The arts and the creation of mind. New Haven: Yale University Press.

Eisner, E. W.(2005). Reimagining schools: The selected works of Elliot W. Eisner. New York: Rouledge.

Freire. P. (1968). Pedagogy of the Oppressed. N. Y.: Seabury.

Gage, N. L. (Ed.) (1963). Handbook of research on teaching. Chicago: Rand McNally.

Goffman,E.(1959). The presentation of self in everyday life. New York: Doubleday Anchor.

Goodlad, J. I., Klein, M. F, & Tye, K. A.(1979). The Domains of Curriculum and Their Study. In J. I. Goodlad (Ed.), Curriculum Inquiry: The Study of Curriculum Practice. New York: McGraw-Hill.

Gramsci, A.(1971). Selections from the notebooks of Antonio Gramsci. N.Y.: International Publishers.

Guba, E. G., & Lincoln, Y. S.(1989). Fourth generation evaluation. Newbury Park, CA:Sage.

Hollins, E. R.(1996). Culture in school learning: Revealing the deep meaning. Mahwah. NJ: Lawrence Erlbaum.

McInerney, M. & Fink, L. D. (2003). Team-based learning enhances long-term retention and critical thinking in an undergraduate microbial physiology course. Journal of Microbiology & Biology Education, 4, 3-12.

Pinar, W., Reynolds, W., Slattery, P., & Taubman, P.(1995). Understanding Curriculum: An Introduction to the study of Historical and Contemporary Discourses. New York: Peter Lang.

Rosaen, C. L.(2003). Preparing teachers for diverse classrooms: creating public and private spaces to explore culture through poetry writing. Teachers College Record, 105 (8), 1437-1485.

Shadish, W. R.(1998). Evaluation theory is who we are. American Journal of valuation, 19(1), 1-19.

Shavelson, R. J.(1973). What is the basic teaching skill? Journal of Teacher Education, 24(2),144-151.

Shulman, L. S. (1987). Knowledge and teaching: Foundations of the new reform. Harvard Educational Review, 57(1), 1-22.

Stufflebeam, D. L., Madaus, G. F., & Scriven, M. S. (2000). Evaluation models: Viewpoints on educational and human services evaluation (2nd ed.). Boston: Kluwer Academic.

Tyler, R. W.(1989b). Reflecting on the Eight-Year Study. In C. Kridel(Ed.), Curriculum history: Conference presentations from the Society for the Study of Curriculum History, 193-203. Lanham, MD: University Press of America.(Originally published in 1981)

Willis, P.(1981). Cultural production is different from cultural reproduction is different from social reproduction is different from reproduction. Interchange, 12 (2-3), 48-67.

Wilson, S. M., Shulman, L. S., & Richert, A. E. (1987). 150 different ways' of knowing: Representation of knowledge in teaching. In J. Calderhead (Ed.). Exploring teachers' thinking, 104-124. London: Cassell.

Yinger, R. J.(1977). A study of teacher planning. Description and theory development using ethnographic and information processing methods. Unpublished doctoral dissertation, Michigon State University.

Young, M. (1971). Knowledge and control: New directions for the sociology of education. London: Collier-Macmillan.

Young, M. F. D.(1971). An approach to the study of curricula as Socially Oragnized Knowledge IN M. F. D. Young.(Ed.), Knowledge and Control, 1-19. London: Collier-Macmillan.

參考文獻

國家圖書館出版品預行編目資料

圖解教育學／蔡啟達著. — 初版. — 臺北
市：五南, 2015.03
　　　面；　公分.
ISBN 978-957-11-7965-0（平裝）

1.教育

520　　　　　　　　　　103026821

1IYL

圖解教育學

作　　　者	蔡啟達(376.4)
發 行 人	楊榮川
總 經 理	楊士清
總 總 輯	楊秀麗
副總編輯	黃文瓊
責任編輯	李敏華
封面設計	童安安

出 版 者 — 五南圖書出版股份有限公司

地　　　址：106台北市大安區和平東路二段339號4樓

電　　　話：(02)2705-5066　　傳　真：(02)2706-6100

網　　　址：https://www.wunan.com.tw

電子郵件：wunan@wunan.com.tw

劃撥帳號：01068953

戶　　　名：五南圖書出版股份有限公司

法律顧問　林勝安律師事務所　林勝安律師

出版日期　2015年 3 月初版一刷
　　　　　2021年 8 月初版四刷

定　　　價　新臺幣330元

經典永恆・名著常在

五十週年的獻禮——經典名著文庫

五南，五十年了，半個世紀，人生旅程的一大半，走過來了。
思索著，邁向百年的未來歷程，能為知識界、文化學術界作些什麼？
在速食文化的生態下，有什麼值得讓人雋永品味的？

歷代經典・當今名著，經過時間的洗禮，千錘百鍊，流傳至今，光芒耀人；
不僅使我們能領悟前人的智慧，同時也增深加廣我們思考的深度與視野。
我們決心投入巨資，有計畫的系統梳選，成立「經典名著文庫」，
希望收入古今中外思想性的、充滿睿智與獨見的經典、名著。
這是一項理想性的、永續性的巨大出版工程。
不在意讀者的眾寡，只考慮它的學術價值，力求完整展現先哲思想的軌跡；
為知識界開啟一片智慧之窗，營造一座百花綻放的世界文明公園，
任君遨遊、取菁吸蜜、嘉惠學子！